वीणा वादिनी वर दे

(कहानी-संग्रह)

वाणी प्रकाशन

21-ए, दरियागंज, नई दिल्ली-110002

फोन : 23273167, 23275710, 51562622 फैक्स : 23275710

e-mail : vani_prakashan@yahoo.com

vani_prakashan@mantraonline.com

वीणा वादिनी वर दे

डॉ. ज्ञान सिंह मान

वाणी प्रकाशन का लोगो
विख्यात चित्रकार मकबूल फिदा हुसेन
की कूची से

ISBN: 81-8143-333-5

वाणी प्रकाशन
21-ए, दरियागंज, नयी दिल्ली-110002
द्वारा प्रकाशित

प्रथम संस्करण : 2005

मूल्य : 125.00

शुभम ऑफसेट, दिल्ली-110032
द्वारा मुद्रित

VEENA VAADINI VAR DE
by Dr. Gyan Singh Maan

अनुक्रम

वीणा वादिनी वर दे

शहर में सांप्रदायिक दंगों का माहौल था। जनजीवन लगभग अस्तव्यस्त था। किस मोड़ पर कैसी घटना से सामना होगा, कोई नहीं जानता था। कर्फ्यू तो जैसे दैनिक जीवन का अंग बनकर रह गया था। ऐसे वातावरण में विभिन्न दलों के लोग अपनी-अपनी रोटियाँ सेंकने के लिए वैमनस्य के तंदूर सदा गर्म रखते थे। उस दिन भी कुछ ऐसी ही स्थिति थी। मैं माल रोड पर था। कार में अपने निवास की ओर आ रहा था। सहसा मुझे कार रोकने के लिए पैर ब्रेक पर रखने पड़े। भारी झटके से कार एक ओर लुढ़कने से बुरी तरह सँभली। सामने तनिक दूरी पर भारी भीड़ को उमड़ते हुए पाया, जो बवंडर की तरह मेरी कार की ओर बढ़ती आ रही थी। भीड़ में शामिल लोगों के पास लाठियाँ, तलवारें तथा अन्य घातक हथियार थे। कार को बचाने के लिए मैं एक ओर हटने ही लगा था कि एक 'स्कूटर' सवार ने तुरंत मेरे निकट रुकते हुए कहा–

''वापस चले जाइए। उधर दंगाइयों ने तोड़-फोड़ शुरू कर रखी है। दुकानों-मकानों पर पथराव हो रहा है।''

मैंने देखा सामने खड़ा स्कूटर सवार उस स्थिति से आतंकित प्रतीत हो रहा था। डर के मारे उसकी साँस उखड़-सी रही थी। अत्यधिक अस्थिर स्वर में तनिक खाँसते हुए उसने कहा, ''आपकी कार भी सलामत नहीं बचेगी, उधर दूसरे मोड़ पर बहुत से वाहन जल रहे हैं।''

कहते-कहते 'स्कूटर' सवार तुरंत वहाँ से हवा हो गया। सामने बिफरती भीड़ तेज़ी से आगे बढ़ रही थी। मैं आतंकित हो उठा। कार से अधिक मुझे अपनी सुरक्षा की चिंता थी। सड़क की तनिक दूरी पर एक छोटा मोड़ था, वहीं एक बड़ा-सा वृक्ष भी नज़र आया। कार को एक ओर रोककर मैं झट से वृक्ष की ओट में चला आया। सांत्वनामयी श्वास ली, सोचा, जुलूस गुज़र जाने के बाद कुछ किया जाएगा। साँस तेज़ थी; साँझ का सूरज अभी बहुत नीचे तक नहीं आया था। चिंता थी यदि कर्फ्यू की घोषणा हो गई तो...

सहसा मुझे सचेत हो जाना पड़ा। मेरे ठीक पीछे कोई मुझे पुकार रहा था। जिस वृक्ष की ओट में मैं खड़ा था उसके ठीक पीछे एक बड़े भवन का मुख्य द्वार था। द्वार का 'गेटमैन' ही शायद मेरा ध्यान अपनी ओर आकृष्ट कर रहा था। मेरी ओर बढ़ते हुए उसने कहा, ''साब! मालकिन कह रही हैं आप जल्दी से अन्दर आ जाइए–जल्दी

कीजिए, आप इन दंगा करने वालों को नहीं जानते...''

मैंने देखा, सामने खड़े व्यक्ति के चेहरे पर चिंता के भाव साफ नज़र आ रहे थे तथा वह कुछ अस्थिर भी जान पड़ा। कुछ रुकते हुए उसने अपनी बात पूरी की—

''इधर आपकी जान को खतरा है—भीतर चले आइए—कार की चिंता मत कीजिए, मैं पार्क कर दूँगा। चाबी दे दीजिए—बस—''

असमंजस की स्थिति थी। अधिक सोचने समझने का समय नहीं था। मस्तक में विभिन्न प्रकार के विचार चक्कर काट रहे थे। दुविधा थी, यदि इसकी बात न मानी तो...? भावी किसी बड़ी दुर्घटना की आशंका मात्र से मैं सिहर उठा। झट से उसके साथ द्वार तक लपक आया। यह भी जानने की ज़रूरत नहीं समझी कि भवन में रहने वाले मेरे प्रति इस प्रकार चिंताशील क्यों हैं?

'गेटमैन' को कार की चाबी देकर मैं भीतर की ओर चला आया। आँखों के सामने एक विशालकाय भवन का खुला सा प्रांगण था—, लगभग एक फार्म हाउस जैसा प्रासाद था। एक छोटी पगडंडी को छोड़कर शेष प्रांगण में हरीतिमा की चादर-सी बिछी थी। प्रांगण के चारों ओर गोलाकार पंक्तियों में विभिन्न रंगों की पुष्प मालाएँ-सी लटक रही थीं। मुख्य द्वार तक जाने वाली पगडंडी के साथ-साथ बहुरंगी गमलों का ताँता सजाया गया था। शंकित एवं उद्विग्न नेत्रों ने एक ही दृष्टि में सब कुछ मेरे मनःपटल पर उभार दिया। कोठी के भीतरी उद्यान ने कुछ क्षणों के लिए बाहरी आतंकी वातावरण से मुझे मुक्ति जरूर दी, परंतु वास्तविक उलझन से मैं अभी भी बहुत दूर नहीं हो पाया था।

दीर्घ श्वास भरकर मैंने कोठी के कुसुमित उद्यान को गहन दृष्टि से देखा और दबे पैरों से आगे की ओर बढ़ने लगा। नीचे शुष्क पत्तों की सरसराहट एक विचित्र सा आतंक फैलाये जा रही थी। पगडंडी पर, किनारों के साथ-साथ सूखी काई जम आयी थी जो उचक-उचक कर कहना चाहती थी कि एक लंबे समय से किसी ने वहाँ आत्मीयता प्रकट नहीं की है। जिस रीझ और चाव से 'फार्महाउस' का प्रारूप तैयार किया गया था, उसके अनुरूप इसकी देखभाल शायद काफी समय से नहीं की गई थी। इतने सुंदर और मनोरम प्रांगण को इस प्रकार अनछुआ और बेजान-सा छोड़ देने का भला क्या कारण हो सकता है, यह मेरी समझ से परे था। मन में उधेड़बुन जारी थी कि मैंने स्वयं को एक बड़े द्वार पर पाया जिसके बाहर शीशा लगा था।

मुझे वहाँ देखते ही एक अन्य नौकर ने तुरंत द्वार खोलते हुए कहा—

''मालकिन ने कहा है, भीतर चले आइए, 'इधर कोई डर नहीं है। यहाँ आप हर प्रकार से निश्चिंत और...''

कहते-कहते नौकर ने मुझे भीतर का मार्ग दर्शाया। सामने एक खुला एवं भव्य-सा कक्ष था। मुझे समझने में देर नहीं लगी कि वह कक्ष अतिथियों के लिए स्वागत स्थल है। नौकर ने अत्यंत भद्रतापूर्ण ढंग से मुझे वहाँ बैठने का संकेत किया और धीमे स्वर में कहा, ''उन्होंने पूछा है, आप क्या लेंगे? ठण्डा, चाय या कॉफी...।''

कुछ भी लेने को मन नहीं था। हैरानी में था, ऐसी संकट की घड़ी में इतनी निकटता और आत्मीयता व्यक्त करने वाला कौन हो सकता है? इधर स्नेह का सागर उमड़ रहा था, बाहर शहर... बड़ा आतंक था। समीप खड़े नौकर को शायद मेरे आदेश की प्रतीक्षा थी। अनचाहे भाव से सोफे पर टिकते हुए मैंने कह दिया, ''ज़रूरत तो है नहीं, फिर भी एक कप चाय...''

नौकर ने धीरे से मस्तक झुकाया और दूसरे कमरे की ओर चला गया। मैं एक बार पुनः अपने में ही सिमटकर रह गया। बाहर सड़क पर हल्ला-गुल्ला जारी था, परंतु इधर एकांत से कक्ष में गहन प्रशांति थी। केवल मेरी साँसें ही कुछ हरकत-सी पैदा करती जा रही थीं। मैंने सरसरी दृष्टि से कक्ष का अवलोकन किया। स्थान-स्थान पर बहुमूल्य कलाकृतियाँ अत्यंत सुचारु ढंग से रखी हुई थीं। कोने में रखे 'रैक' पर सज्जित पुस्तकें वहाँ के लोगों की साहित्यिक जिज्ञासा की ओर सारगर्भित संकेत दे रही थीं। कोठी वाले अत्यंत परिष्कृत सौम्य और सुसंस्कृत वृत्ति के हैं, यह जानने में मुझे अधिक देर नहीं लगी। सारा वातावरण लक्ष्मी और सरस्वती की सौरभ सुगंध से सराबोर था।

वैसी आत्मनिरति की अवस्था में, मैं कब तक बैठा रहा, नहीं जानता। हाँ, किसी ने दबे पैरों से कमरे में प्रवेश किया तो मेरा ध्यान भंग हुआ। आँख उठाकर देखा तो सामने एक अत्यंत सुंदर, सौम्य, गौरवर्ण एवं शिष्ट महिला को खड़े पाया। इकहरे आकर्षक शरीर से साफ झलक रहा था कि उसने भरपूर यौवन का द्वार अभी हाल ही में पार किया है। मुझे वहाँ पाकर उसके ओठों पर एक आत्मीय स्मितरेखा खेलने को उत्सुक थी। हलके पीले रंग की साड़ी, जिस पर गहरे मूंगीय रंग का बार्डर सज्जित था; उसके कन्धे पर से बार-बार सरक-सी रही थी। लंबी केशराशि पार्श्व को झालर-सी देकर उसके अग्र भाग तक लहरा गई थी। शरीर के आसपास फैल रही ताज़गी से विदित था कि उसने इस भेंट के लिए स्वयं को बहुत जल्दी में 'री टच' किया है। एक ही साँस में सब कुछ स्पष्ट हो गया। मैंने नेत्र झुकाते हुए शिष्टतावश उठने का प्रयास किया।

महिला ने तुरंत आगे बढ़कर मुझे वहीं रोकने का प्रयास करते हुए कहा, ''इसकी जरूरत नहीं है–'' पुनः कुछ रुककर उसने कहा, ''मेरा घर आपकी चरण रज पाकर धन्य हो गया। इस जन्म में कभी आप से पुनः भेंट कर पाऊँगी–ऐसी तो कल्पना भी नहीं की थी मैंने–'' पुनः एक दीर्घ श्वास भरकर बोली, ''लगता है मैं इतनी भी मंद-भागिनी नहीं हूँ कि...''

कहते-कहते उस महिला ने दोनों हाथों से अभिवादन की मुद्रा प्रकट की–मैंने भी कुछ उसी प्रकार–सब कुछ इतनी जल्दी में ऐसे सहज भाव में व्यक्त हुआ कि किसी को भी इसका ध्यान नहीं रहा। उस आत्मीय व्यवहार के प्रति मेरी उत्सुकता प्रतिपल बढ़ती जा रही थी। भीतरी उधेड़बुन अधिक गहरा रही थी। मेरे शंकित मनोभावों को सहज करने के लिए ही शायद उस महिला ने तनिक दबी मुस्कान में कहा, ''लगता है आपने मुझे पहचाना नहीं।'' पुनः तनिक पीछे हटकर एक दीर्घ श्वास भरकर बोली, ''एक लंबा

समय बीत गया है; लगता है वह कोई दूसरा ही युग था; वक़्त के थपेड़े बहुत कुछ बदल देते हैं—शरीर को भी; इसीलिए तो आपने मुझे...।''

कहते-कहते महिला को रुकना पड़ा। दूसरी ओर से नौकरानी इधर प्रवेश कर रही थी। हाथ में 'सैल' फोन था, चेहरे पर कुछ गंभीरता के भाव थे। शीघ्र बढ़ते पैरों के साथ-साथ शब्द प्रवाह भी तेज़ था, समीप आकर उसने कहा, ''बीबी जी, सिविल लाइंज़ से फोन है। बहुत चिंता में हैं—''

महिला ने एक गहन दृष्टि से मेरी ओर देखा, अस्थिर पलकों को नीचे झुकाते हुए कहा, ''मम्मी का फोन है, ऐसे हालात में उन्हें इधर की बहुत फिक्र रहती है। क्षमा चाहती हूँ; मैं अभी आती हूँ—''

'सैल' लेकर महिला पुनः दूसरे कमरे की ओर चली गई। कुछ क्षणों के लिए मैं तो भूल ही गया था कि बाहर शहर की स्थिति विकट है। शायद कई स्थानों पर आग और लूटमार—; मन अस्वस्थ और अशांत हो रहा था। वहाँ से एकदम निकल पाना भी तो कठिन लग रहा था। उद्विग्न भाव में मैं पुनः उठकर कमरे में इधर-उधर घूमने लगा। एक कोना आँखों से ओझल रह गया था, शायद पिछली ओर का—उधर ध्यान ही नहीं गया। एक अत्यंत सज्जित मेज़ पर सितारों की एक जोड़ी रखी थी। समीप जाकर देखा, धूल की हलकी परत चिरकाल से उनके मौन एवं अस्पृश्य पड़े रहने का प्रमाण दे रही थी। साथ ही दीवार से तनिक ऊपर महिला का एक चित्र टँगा था जो शायद उसके कॉलिज दिनों का था। सहसा मेरे नेत्र वहीं टँगे एक अन्य चित्र पर स्थिर हो गये। 'ग्रुप फोटोग्राफ' था; मैंने ध्यान से देखा; स्नातकोत्तर छात्र-छात्राओं का स्मृति चिह्न—; जिसमें विभाग के अन्य सहयोगियों के साथ मैं भी मौजूद था।

'ओ माई गॉड' सहसा मेरे मुख से निकल पड़ा। अतीत के कुछ भूले-बिसरे चित्र स्वतः मनःपटल पर उभर आये। एक लंबे अंतराल के बाद मैं अपनी एक अत्यंत ही आत्मीय परिचिता के साथ...वह भी ऐसी अनचाही स्थिति में....; ओफ! मेरी साँस तेज़ होने लगी। बीते कल की एक-एक घटना अंतश्चेतन में फिर से जीवंत होने लगी। उन दिनों कॉलिज में एक बड़े समारोह की तैयारी चल रही थी। देश के कतिपय महान साहित्यकारों तथा संगीतकारों को आमंत्रित किया गया था। इस अवसर पर कॉलिज की ओर से भी कोई 'आइटम' दी जाए, इस पर विचार हो रहा था। ध्यान सहसा इस छात्रा की ओर आकृष्ट हुआ। सितारवादन और गायन में वह निपुण थी सहृदयों को मंत्रमुग्ध करने में भी पूर्णतया सक्षम थी। राजकीय स्तर की कई प्रतियोगिताओं में अलंकृत होकर अपने कॉलिज का नाम उज्ज्वल कर चुकी थी। कॉलिज के नये सत्र के आरंभ में ही उसकी कला ने सबको अभिमोहित कर दिया था; और फिर उसके बाद तो प्रत्येक समारोह और समागम में...

'क्लास' के बाद हम सीढ़ियाँ उतर रहे थे। मैंने उसे रोकते हुए कहा, ''प्रभा, अगले सप्ताह जो समारोह हो रहा है, हम चाहते हैं उसमें तुम भी अपनी एक अच्छी 'आइटम'

दो...।''

प्रभा ने मेरी ओर जिज्ञासु एवं तनिक संदेहशील नेत्रों से देखा; दूर तक फैले प्रांगण में घूमते छात्र समूह की ओर सारपूर्ण दृष्टि भरकर बोली, ''सर, क्षमा कीजिए—यह सब अब नहीं कर पाऊँगी—''

''भला क्यों?'' मैंने आश्चर्य से पूछा।

''सर—बस यूँ ही—मन नहीं है—''

प्रभा के उज्ज्वल आनन पर तनिक रक्तिम प्रवाह उमड़ने को था। लज्जावश उसके नेत्र झुक गये थे। मुझे अपने अधिकार का लोहा याद आया। अतः तनिक रूखे स्वर में कहना पड़ा, ''ऐसा कैसे चल सकता है? इसमें हमारे विभाग की प्रतिष्ठा का सवाल है।'' श्वास भरकर मैंने साधिकार पुनः कहा, ''तुम्हें हर स्थिति में हमारा सहयोग...''

प्रभा ने तनिक पीछे हटकर आगे बढ़ने के लिए गति साधना की। स्पष्ट था, वह इस वार्ता को और आगे नहीं बढ़ाना चाहती थी। धीमे स्वर में उसने कहा, ''सर, व्यर्थ मुझे विवश मत कीजिए। व्यक्ति की अपनी निजता और अहं भी तो कोई चीज है; बस, आप से कह दिया; माफी चाहूँगी मैं—'' उसकी बात सुनकर मैं अपने में ही सिमटकर रह गया। उन्मुक्त पंछी को जैसे अंधकूप में गिरना पड़ा हो। खुद को काट कर देखना जितना कठिन है, कुछ वैसी ही कसक उस समय—; ऐसे रूखेपन से तो किसी ने भी मेरा तिरस्कार नहीं किया था; फिर उस छात्रा ने... ओफ! दमित अहम् चोट खाये साँप-सा फुंकार उठा। अंतर्मन दग्ध होने लगा। वैसी बौखलाहट कई दिनों तक कायम रही। जब-जब प्रभा की ओर देखता, अतीत तीखी कटार बनकर मुझे तिल-तिल काटने लगता। साँसों का गर्म लोहा आसपास को भस्मीभूत करने को तत्पर हो उठता। फिर सब कुछ धीरे-धीरे सहज और शांत होने लगा। प्रभा के प्रति मन में जो द्वेष या अवहेलना का दंश था, अंतराल की गहन कंदराओं में दम तोड़ने लगा। प्रभा की सरलता और सौम्यता से वशीकृत मेरा मन कहीं अन्यत्र मुक्ति पाने लगा। यह सब कैसे हुआ, नहीं जानता मैं। उस घटना को मुझे भूलना ही था और धीरे-धीरे ऐसा हो भी रहा था।

फिर एक दिन, जब गर्मी का मौसम था, मैं अपना काम पूरा करके घर की ओर लौट रहा था। प्यास लगी थी, अतः लायब्रेरी के पास 'वाटर कूलर' के पास रुक गया। तृषा मिटाने के लिए अभी शीतल जल को ओठों से लगाया ही था कि सामने प्रभा को खड़ी पाया। वह इस समय तक 'कैम्पस' में कैसे? अब तक तो सभी क्लासें लग जाती हैं। कॉलिज भी लगभग खाली हो जाता है; केवल इक्के-दुक्के कार्यकर्ता ही अटके रह जाते हैं। तो फिर इस समय प्रभा...? अभी मैं उधेड़बुन में ही था कि प्रभा ने मेरे निकट आते हुए कहा—

''इतनी देर से आपकी प्रतीक्षा कर रही हूँ; अब कहीं जाकर...''

''मेरी प्रतीक्षा? लेकिन क्यों?'' मैंने आश्चर्य से उसकी ओर देखते हुए पूछा।

प्रभा के सजल नयन तनिक झुक गये। धीमे स्वर में उसने कहा।

"सर, ऐसा तो कोई अपराध मुझसे हुआ नहीं है जो आपके तिरस्कार का भागी बनना पड़ा है मुझे–; इतने दिनों से देख रही हूँ..."

प्रभा की ओर से इस प्रकार की संचेतना की मुझे कल्पना तक नहीं थी। मैं असमंजस में था, नेत्र उठाकर प्रभा की ओर देखा–उसकी पलकें भीग रही थीं। सहसा मुझे अपने दायित्व का ध्यान हो आया; साथ ही कॉलिज प्रांगण का भी। मैंने स्थिति को सहज करते हुए कहा–

"प्रभा! मन छोटा मत करो। ऐसा कुछ नहीं है–तुम व्यर्थ ही–"

उसने मेरा वाक्य पूरा नहीं होने दिया, गलदश्रु भावुकता में कहा, "बनिए मत सर, इतनी भी भोली नहीं हूँ मैं–काफी दिनों से देख रही हूँ, आपने मुझे एकदम से छिटक दिया है–; हर जगह आप अनदेखा करते हैं मुझे–भला क्यों?"

मेरा अंतर्मन उद्वेलित हो उठा। प्रभा को तुरंत सांत्वना देने की ज़रूरत थी, अन्यथा उसके बरबस आँसू–और मेरी अपनी हालत। वैसे जो कुछ प्रभा ने कहा था उसमें रत्ती भर भी सन्देह नहीं था। मैंने भीतर झाँककर देखा, प्रभा के प्रति विरक्ति भाव अभी भी कायम था। परंतु कॉलिज के खुले प्रांगण में तो मुझे स्वयं को तथा उसकी व्याकुलता को सम्हालना ही था; अतः तनिक आत्मीय भाव से कहा; "प्रभा, गलत मत समझो–ईश्वर ने तुम्हें एक अद्वितीय कलागत 'स्पार्क' प्रदान किया है। यह प्रकाश देश-विदेश में फैले–बस ऐसी ही कुछ कामना करता रहा हूँ मैं। कॉलिज मंच से तुम्हारी प्रतिभा और विकसित हो पाये–यही हम चाहते हैं–शायद इसीलिए–"

मैंने दीर्घ श्वास भरकर स्वयं को सहज करने का प्रयास किया। तनिक सांत्वनापूर्ण स्वर में पुनः कहा, "शायद इसीलिए उस अवसर पर मैंने–खैर, जो हुआ उसे भूल जाओ–"

प्रभा ने पुनः मुझे टोक दिया, भर्राये कण्ठ में कहा, "सर, आप बहुत बड़े लेखक हैं; मेरे तथा मेरे जैसे कई लोगों का आदर्श हैं–लेकिन–" कहते-कहते प्रभा ने पलकें झुका लीं, आह-सी भरकर कहा–

"छोटी-छोटी बातें, कई बार, आप जैसे महान व्यक्तियों के बहुत ऊपर से गुज़र जाती हैं। सर, सहशिक्षा संस्थानों में लड़कियों की हालत बड़ी शोचनीय होती है। जो लड़की एक बार मंच पर हो आती है, उसे लंबे समय तक मनचले युवकों की नोक-झोंक, छेड़छाड़ गन्दे भद्दे शब्द–'हाय मेरी जान' 'क्या नखरा है' 'यूँ सितार मत उठाया करो–पतली कमर लचक जाएगी–अरे नहीं टूट जाएगी–हाय री वो काँटा कहाँ लगा।"

प्रभा ने दीर्घ श्वास भरकर आहत स्वर में पुनः कहा, "और न जाने क्या क्या सर–"

लंबे समय से सह-शिक्षा संस्था से जुड़ा रहा हूँ, परंतु 'कैम्पस' में मनचले युवकों की ऐसी खरमस्तियों के बारे में मैंने कभी गंभीरता से नहीं सोचा था। उस दिन प्रभा की बात सुनकर मैं चिंता में डूब गया। पैरों तले धरती खिसकने लगी। प्रभा ने जो कुछ बताया

है, काफी हद तक ठीक नहीं है क्या? उस स्थिति को लेकर मेरी उद्विग्नता फिर से बढ़ने लगी। ओठों से अनायास फट पड़ा, "ओ नो—माई गॉड—इसीलिए तुम ने...ओफ।"

मेरे पास अपनी स्थिति को स्पष्ट करने के लिए शब्द नहीं जुट पा रहे थे। केवल कुछ क्षणों की 'वाह-वाह' के लिए प्रभा जैसी युवतियों को कैसी-कैसी आंतरिक यातनाओं से गुज़रना पड़ता है, इसका तो अनुमान ही लगाया जा सकता है। सब कुछ जानने के बाद मेरा अंतर्मन स्वयं को कोसने लगा—भीतर एक कसकपूर्ण आत्मग्लानि से दो-चार होने को था। व्यर्थ ही मैंने इतने दिनों तक प्रभा के प्रति अवहेलना का भाव रखा—; मन में इसका पश्चात्ताप भी था। परंतु प्रभा के सामने तो अपना अंतर्मन खोल नहीं सकता था। अतः वार्ता को अलग मोड़ देने के लिए, मैंने ठंडे पानी का गिलास प्रभा की ओर बढ़ाते हुए कहा—

"पानी लोगी...?" प्रभा मुझसे भी अधिक सहज होने को थी, तुरंत कह उठी, "आपके हाथों से तो ज़हर भी ले पाना मेरा सौभाग्य होगा, फिर यह तो शीतल जल है।"

प्रभा की बात सुनकर मैं ठहाका मारकर हँस पड़ा। हँसी—एक उन्मुक्त अट्टहास। दमित भाव जैसे एकबारगी ओरछोर को झनझना गये। मुझे इस प्रकार उद्दाम वेग में हँसता देख, प्रभा भी हँस दी; हँस दी और अपने अट्टहास पर नियंत्रण करती हुई कह उठी, "सर—आपके चेहरे पर हँसी खिलती है, माथे पर त्यौरियाँ नहीं—" और, आँसुओं से धुले उसके नेत्र फिर से चमक उठे। और फिर....

उस सत्र का अंतिम दिवस था। सभी छात्र-छात्राओं ने मंच पर अपनी-अपनी कला का प्रदर्शन किया। फिर जब प्रभा ने सितारवादन के साथ-साथ कविवर निराला जी का प्रसिद्ध गीत 'वीणा वादिनी वर दे, वर दे', का अलाप किया तो विशाल जन-समूह मंत्रमुग्ध अवस्था में झूम झूम उठा। कोई मायावी स्पर्श मानो हाल में बैठे सभी प्राणियों को काष्ठ प्रतिमाओं की भाँति स्थिर कर गया। जैसे ही प्रभा का गायन संपन्न हुआ, मुख्य अतिथि से लेकर हर जाने पहचाने व्यक्ति ने पैरों पर खड़े होकर प्रभा का अभिनंदन किया। चारों दिशाओं से वाह! वाह और साधुवाद के शब्दों की झड़ियाँ-सी लग गईं। सहयोगी मित्रों और सहेलियों ने ओर-छोर से मंच पर पुष्प वर्षा कर दी। स्वर्ग लोक से उतरी किसी अप्सरा-सा समागम सभी को रससिक्त कर गया। आगे-पीछे, सब ओर से जन समूह प्रभा के कन्धे थपथपा रहा था, और मैं एक ओर ओठों पर धीमी मुस्कान लिये किसी एकांत की प्रतीक्षा में था।

अतिथियों और मित्रवर्ग के साथ चायपान हो रहा था। कॉलिज से विदा लेनेवाले विद्यार्थी एक-दूसरे के साथ 'फोटो' निकलवा रहे थे। एक विचित्र प्रकार का आत्मीय समारोह था यह। सहसा मुझे लगा किसी ने पीछे से छुआ है। मुड़कर देखा प्रभा मेरी प्रतीक्षा में थी। सबको छोड़कर मैं तनिक दूरी पर चला आया। प्रभा ने मिठाई की प्लेट

मेरे आगे करते हुए कहा–

"सर, अब तो आप मुझसे नाराज़ नहीं हैं न–किसी समय मैं आपके दुःख का कारण बनी, ऐसा बोझ मन पर लेकर तो मैं कॉलिज से विदा नहीं हो सकती थी–सो आज स्वयं को मुक्त पा रही हूँ।"

मैंने देखा प्रभा के चेहरे पर हलकी लालिमा कौंध गई है। नेत्र श्रद्धावश झुके हैं, हाथों में अर्चना भाव से पकड़ी मिठाई की प्लेट है। मैंने सांत्वनामयी श्वास भरकर मिठाई का एक टुकड़ा उठाया, स्नेहिल भाव से उसके मस्तक को स्पर्श करते हुए कहा–

"प्रभा, एक दिन किसी विश्व स्तरीय समागम में तुमसे इसी प्रकार भेंट होने की प्रतीक्षा रहेगी मुझे–मेरी शुभकामनाएँ हैं–" अधिक कुछ नहीं कह पाया मैं। शब्द जहाँ थे वहीं रुक गये। परिचित वर्ग ने हम दोनों को घेर लिया और...और मानो एक युग इसी प्रकार बीत गया। उस दिन शहर में दंगों के कारण प्रभा के घर में ही मुझे शरण लेनी पड़ेगी; ऐसी कल्पना तक नहीं की थी। बड़ा अजीब संयोग था।

अतीत की स्मृतियों से लौटकर चेतना पुनः वर्तमान में लौट रही थी। प्रभा शायद 'सैल' की वार्ता से निपटकर चाय के लिए मेरी प्रतीक्षा में थी। मैंने शान्त भाव से उसकी ओर मुड़ते हुए कहा, "आप प्रभा जी हैं न?"

प्रभा ने उत्सुकता से मेरी ओर देखा, चेहरे पर तनिक शारदीय रंग उभर आया। ओठों ने सप्रयास मुस्कान ओढ़ने का यत्न किया। चाय को कप में डालते हुए उसने झट से कह दिया–

"आपके लिए मैं न 'आप' हूँ और न ही 'जी'–सिर्फ प्रभा हूँ।" प्रभा की बात सुनकर मैं तनिक सहज हो आया। इतने वर्ष बीत जाने पर भी प्रभा में व्यंग्य की छटा पूर्ववत् विद्यमान थी। मैं अभी इसका प्रतिवाद करने ही वाला था कि उसने फिर कहा–

"शूगर उतनी ही लेंगे जितनी उन दिनों में।"

मैंने सोफे पर बैठते हुए आश्चर्य से उसकी ओर देखा। चेहरे पर आत्मीय विश्वास स्पष्ट झलक रहा था। जिज्ञासावश मैंने पूछा–

"तुम यह सब कैसे जानती हो?"

"इसमें जानने की क्या ज़रूरत है, कैंटीन में ऊँचे स्वर में वेटर को पुकार-पुकार कर आप हमेशा शूगर के लिए दुहाई दिया करते थे–यह बात सभी जानते हैं।"

प्रभा की बात से मेरे अंतर्मन में मिश्री-सी घुल गई। सहज हो आया मैं–हँसना चाहता था। परंतु वातावरण इसकी अनुमति नहीं दे रहा था। चाय में शक्कर ज़्यादा चाहिए, मैंने उसे बता दिया। चाय लेते समय पहले वाला दबाव मन में नहीं था। मैं एक सुरक्षित स्थान पर हूँ, इसके प्रमाण की अब ज़रूरत नहीं थी। चाय का स्वाद भरते हुए मैंने धीमे स्वर में पूछा, "लगता है काफी दिनों से सितार को छुआ नहीं गया–आजकल क्या वो सब छोड़ दिया।"

मैंने गहन दृष्टि से प्रभा की झुकी पलकों में झाँकने का प्रयास किया। उसके शुष्क

ओठों से एक धीमी आह-सी प्रस्फुटित हुई। चाय के कप को दूर सरकाते हुए उसने कहा, "सब कुछ खत्म हो गया सर–बहुत जल्दी मेरी प्रेरणा का स्रोत–मस्तक का छत्र...."

मेरे हाथ वहीं रुक गये। चाय पान जैसे कृत्रिम-सा भाव बन गया। मैंने आश्चर्य व्यक्त किया, ठहरे स्वर में कहा–

"मैं समझा नहीं।"

प्रभा की साँस रुकने को थी, स्वर धीमा तथा शरीर मानो कंपायमान था। तनिक थिरकते स्वर में उसने कहा, "मंदिर-मस्जिद कांड के दिनों की बात है। ऐसी ही एक साँझ; मेरे पति सड़क के मोड़ पर पेट्रोल लेने के लिए रुके थे। धमाका हुआ और देखते ही देखते सब कुछ भस्मीभूत हो गया–आज फिर वैसा ही कुछ देखा–ऊपर छत से आप को वैसी ही स्थिति में पाकर मैं काँप उठी थी–और-और....।" मैंने देखा प्रभा सहसा फफक उठी है, आँखों से अश्रुधार बहने लगी थी।

मैं एकदम से सकते में आ गया। ऐसा लगा एक साथ कितने ही साँप सूँघ गये हैं। काठ से भी कहीं अधिक जड़ हो आया था मैं। सब कुछ मानो वहीं ठहर गया–भाव, विचार, उद्‌गार एवं साँसें–सभी जम से गये। गाज गिरे वृक्ष-सा आहत था मैं। कान, बस–कुछ सुन ही सकते थे। प्रभा की भावविह्वल वाणी थी।

"सर, जब चारों ओर आतंक और रक्तपात का माहौल हो तो ऐसे में सितारवादन किसे सुहाता है? सब कुछ त्याग कर साध्वी हो जाना चाहती थी, परंतु..."

प्रभा ने पुनः आह-सी भरी, वेदना व्याकुल स्वर में कहा, "दो बेटों को कुछ बनाना है–एक बड़ा कारोबार छोड़ गये हैं वे–जब तक इस कर्तव्य से जुड़ी हूँ; साँसों को गिनना भर है।"

मैं पूर्ववत् मौन ही बना रहा। सठिया जो गया था। वहाँ कहने सुनने को शेष कुछ भी नहीं बचा था। प्रभा को सांत्वना दूँ या उसके अभावग्रस्त जीवन के प्रति...या फिर अपने देश की ऐसी स्थिति के लिए कोई प्रतिक्रिया करूँ–कुछ भी स्पष्ट नहीं हो पा रहा था।

प्रभा के साथ बाकी समय कैसे बीता, नहीं जानता मैं। लगता था प्रभा के साथ-साथ मेरे भीतर का कलाकार भी कहीं दम तोड़ गया है। ऐसी स्थितियों का अंत कहाँ होगा, नहीं समझ पाया मैं। शायद हमारे देश के कलाकार की यही विडम्बना है।"

प्रभा के घर से लौटती बार मन भारी था। शहर में अब भी आतंक छाया था। मन हलका करने के लिए 'कैसेट' लगाई–कोई गा रहा था 'वीणा, मधुर मधुर, कछु बोल...कछु बोल–' और...और दूर कहीं पूरा का पूरा शहर जल रहा था; वीणा वादिनी मौन थी।

सर्पदंश

मेजर कुलदीप राय के लिए वह दिन अत्यंत स्मरणीय था। उस दिन प्रदेश के लोगों ने उसकी विशिष्ट वीरता प्रदर्शन के लिए उसे सम्मानित किया था; अपने निजी सहयोग से वहाँ के निवासियों ने उसे पाँच लाख की राशि, शॉल तथा प्रशस्तिपत्र देकर अभिनंदित किया था। उसकी प्रशंसा में जुटे समूह में स्वतंत्रता सेनानी तथा भारतीय सेना से निवृत्त हुए अधिकारियों के अतिरिक्त आसपास के गाँवों तथा नगरों की सभाओं एवं संस्थाओं के कार्यकर्ता भी सम्मिलित थे। मेजर राय के लिए यह अवसर उसके सैन्य जीवन का अत्यंत स्वर्णिम दिन था। वह स्वयं को अत्यंत भाग्यशाली सेनानी मान रहा था। यही नहीं उसके 'सीनियर्ज़' ने उसके लिए परम वीर चक्र की भी सिफारिश की थी। मेजर कुलदीप ने अपनी जान पर खेल कर पर्वतीय प्रदेश के सीमांत से जुड़ी अत्यंत संवेदनशील चौकी की रक्षा की थी, यही नहीं चौकी से तनिक दूर विश्रांति में लेटे अपने असंख्य साथियों की जीवन-सुरक्षा का भी प्रबंध किया था। सीमावर्ती प्रदेश के लोग उसके प्रति कृतज्ञता का भाव प्रकट करके स्वयं को धन्य मान रहे थे। व्यावहारिक जीवन में सब विधिवत् ढंग से चल रहा था परंतु...

मेजर कुलदीप उस रात अत्यंत बेचैन और अशांत रहा। तुषारावृत घाटियों में टैंटनुमा आश्रम में रात भर करवटें ले-लेकर वह उठता रहा। बाहर पहरे पर सुरक्षा तैनात थी, घर से बहुत दूर अपने सैनिक बंधुओं के साथ वैसा असुविधा विहीन जीवन व्यतीत करना उसकी आदत बन चुका था। नंगी बर्फ पर भी वह अत्यंत शांत भाव से लेट जाया करता था। गर्मी में पर्वतों की ऊबड़खाबड़ धरती पर भी बिना कठिनाई के वह बसेरा करता आया था। परंतु उस रात इतने बड़े सम्मान के बाद लगता था उसका कोमल बिस्तर काँटों की सेज बनने लगा है। बैंगलोर में उसके परिवार के शेष सदस्य खुशी और गर्व से झूम रहे होंगे; आसपड़ोस और जान पहचान वालों के साथ इन अविस्मरणीय क्षणों को सजीव कर रहे होंगे; परंतु इधर मेजर कुलदीप के लिए आंतरिक संताप और दारुण दाह की घड़ियाँ चल रही थीं। रह-रहकर कोई गुप्त वेदना उसके रोम-रोम को छलनी छलनी करती जा रही थी। प्रत्येक गहरी एवं ठहरी साँस के साथ-साथ, असंख्य बिच्छुओं का डंक उसके रक्त को विषाक्त करता जा रहा था। ऐसी शोचनीय अवस्था में भला उसे टेक कैसे आ सकती थी।

आतंकी बर्फीली रात और गहरा गई। चारों ओर एक विचित्र-सी स्तब्धता अपना साम्राज्य फैला रही थी। मेजर कुलदीप ने घड़ी में समय देखा। रात के दो बज रहे थे। गहन प्रशांति में दूर तक साँय-साँय की प्रतिध्वनियाँ बढ़ती जा रही थीं। वायु प्रकंपन में मेजर का टैण्ट किसी वृद्ध व्यक्ति के लड़खड़ाते पैरों-सा अस्थिर हो रहा था। मेजर का मस्तक भारी होने लगा, नींद मानो कोसों दूर भटक रही हो। ''ओफ! ऐसी यातना! यह सब क्या हो रहा है? इतनी बुरी हालत तो मेरी कभी भी नहीं हुई–जीवन के इन अमृतमय क्षणों में यह ज़हर कैसा।''

मेजर कुलदीप के ओठ बुड़बुड़ाये। मस्तक के भारीपन से मुक्ति पाने के लिए उसने तुरंत 'रम' के दो बड़े 'पेग' भीतर उँड़ेल दिये। 'टैंट' के कृत्रिम प्रकाश को कुछ और धीमा कर दिया। शरीर को फिर से बिस्तर पर पटक कर निद्रा निमग्न होने का प्रयास करने लगा। दिन भर की थकान और 'रम' की मादकता ने उसे सहला दिया। धीरे-धीरे उसका शरीर बेकाबू होने लगा और नींद की हलकी खुमारी में उसकी चेतना ज्ञान तंतुओं का साथ छोड़ने लगी। उसे झपकी आने को थी, ऐसा लगा ऊपरी मन की सभी खिड़कियाँ धीरे-धीरे बंद हो रही हैं और अंतश्चेतन के सभी किवाड़ एक-एक करके खुलने लगे हैं। सहसा मेजर कुलदीप को लगा उसके भीतर का मेजर अत्यंत शौर्य, बल, शक्ति और सत्ता के साथ प्रकट हो रहा है। भीतरी मेजर की विशालकाय आकृति के सम्मुख वह तो सचमुच बौना बनकर रह गया है। और फिर...

ऐसा अनुभव हुआ, कोई उसके भीतर भारी हथौड़े से बार-बार प्रहार करता जा रहा है। उसका अंतःकरण विक्षुब्ध हो उठा। भीतरी कसक के कारण उसका कंठ दबने लगा और हृदय गति तेज हो गई। साँसें उखड़ने लगीं। मेजर राय को लगा, वह शायद कुछ ही पलों का मेहमान है। जीवन और जगत से मानो नाता टूटा कि टूटा और वह असह्य वेदना से कराह उठा। तत्क्षण उसने अपने भीतर किसी धूमिल आकृति को ज़ोर ज़ोर से हँसते हुए सुना। अट्टहास और फिर चपला गर्जन सा आतंक। उसका सुप्त अंतःकरण उसे झंझोड़ रहा था। मेजर कुलदीप ने सुना, कोई कह रहा था–

''मेजर, तुम शूरवीर नहीं, कपटी और स्वार्थी हो। तुमने अपने आप से छल किया है। धन और सम्मान के लोभ में लोगों की आँखों में धूल झोंकी है। मेजर तुम इतनी आसानी से उस बांकू को कैसे भूल गये जिसने तुम्हें नवजीवन दिया। तुम्हें अपने पैरों पर फिर से चलने का सामान पैदा किया। तुम सैनिक नहीं, लुटेरे हो; देशरक्षक नहीं–स्वार्थ लोलुप कीड़े हो। मैं तुम्हें चैन से जीने नहीं दूँगा।''

और अंतरात्मा के विशुद्ध स्वर गुंजायमान हो उठे। भीतरी अट्टहास मेजर के लिए किसी भावी आपत्ति का सूचक बनने लगा। वह अस्थिर ही नहीं भयभीत भी हो उठा। भीतरी दैवी न्यायिक तुला असंतुलित होने लगी। बांकू का स्मरण आते ही वह हड़बड़ा कर उठ बैठा। नींद पल भर में काफूर हो गई। सिर फटने लगा और मेजर चीत्कार कर उठा। बांकू से जुड़ी प्रत्येक घटना मनःपटल पर चलचित्र-सी प्रकट होने लगी।

बांकू का नाम परिवार वालों ने बांके बिहारी लाल रखा था। निर्धन एवं अभावग्रस्त परिवार में प्रायः आर्थिक विघटन के साथ-साथ नाम सिकुड़ने लगते हैं, धनी एवं संपन्न लोगों के नाम धन और सत्ता के फैलाव के साथ-साथ अधिक स्थान घेरने लगते हैं। ऐसा ही बांके बिहारी लाल के साथ हुआ, बड़ा नाम कब सिमटकर बांकू बन गया, किसी को पता नहीं। बांके अठारह-बीस वर्ष का बलिष्ठ, सुडौल एवं सुदृढ़ आकृति का युवक था। ऊँचा कद और प्रभावशाली मस्तक सदा दूसरों को अपनी ओर आकर्षित करते थे। परिवार में केवल उसकी माँ थी। पर्वतीय प्रदेश में दो घाटियों के बीच एक जलाशय के किनारे छुट-पुट आबादी वाला एक गाँव था—सागर कुंड। वहीं जलाशय के मोड़ पर बांकू की एक छोटी 'टी-स्टाल' थी। बांकू की रोगग्रस्त माँ और वह इस अलग-सी बस्ती में अपनी गुज़र बसर करने के लिए सुबह से साँझ तक पास से गुजरने वाले वाहनों की प्रतीक्षा करते रहते थे। दो घाटियों के बीच तनिक समतल स्थान होने के कारण भारी भरकम वाहन विशेषकर सेना के भार-वाहक ज़रा दम भरने के लिए वहाँ रुकते थे। कभी-कभी कुछ सैनिक कुछ क्षण साँस भरने के लिए बांकू की टी-स्टाल से चाय आदि भी मँगवाते थे। ऐसे में बांकू प्रसन्न भाव से दौड़-दौड़कर सभी सैनिकों की ज़रूरतें पूरी करता था। यही कारण था, कुछ ट्रक ड्राइवर न चाहते हुए भी वहाँ रुकने का मोह संवरण नहीं कर पाते थे। बांकू को अपनी माँ की चिंता लगी रहती थी। बार-बार गीली लकड़ियों को हवा देने के कारण धुएँ की दुर्गन्ध ने उसकी माँ को दमे की बीमारी से जकड़ दिया था; आँखों में दूर तक तथा साफ़ देखने की शक्ति जाती रही थी। उधर बांकू की माँ को अपने पुत्र के भावी जीवन की चिंता सदा खाये रहती थी। किसी दिन यदि अस्थिर साँस अटक गई तो बेचारे अनाथ बांकू का क्या बनेगा? बस इस सोच में बांकू की माँ हड्डियों का पिंजर बनती जा रही थी।

इसी समतल से गाँव में मेजर कुलदीप ने बांकू की 'टी-स्टाल' पर जब पहली बार चाय-पान किया तो बांकू की सरलता ने उसे मोहित कर दिया। बांकू की माँ में मेजर को अपनी माँ की प्रतीति होने लगी। फिर तो जब भी मेजर कुलदीप अपने 'यूनिट' के कर्मियों के साथ ऊपर से नीचे या नीचे से ऊपर की ओर बढ़ता—वहाँ रुककर इस छोटे परिवार के साथ कुछ आत्मीय क्षण ज़रूर बाँटने का प्रयास करता। मेजर कुलदीप का वाहन रुकते ही बांकू उसे एक कर्मनिष्ठ सैनिक की भाँति सलामी देता और मेजर के समीप आते ही उसी प्रकार अनुशासन का प्रदर्शन करता जैसे कोई 'जूनियर' अपने 'सीनियर' के आगे करता है। 'सलाम शाब' 'जी शाब' 'नहीं शाब' 'शारी शाब'—आदि शब्दों का बार-बार उच्चारण करता हुआ वह लगभग स्वयं को भूल ही जाता था। अपनी इसी सरलता के कारण बांकू सबके भीतर घर बना लेता था।

उन दिनों ठंड का प्रकोप था। धुंध के कारण वाहन धीमी गति से बस सरक ही रहे थे। पूर्ववत् मेजर कुलदीप बांकू-टी-स्टाल पर रुका। मौसम की खराबी में माँ की सेहत के बारे में पूछना था उसे। चाय का गिलास ओठों से लगाते हुए, कुछ रुकते स्वर

में मेजर ने पूछा—

"माँ कैसी हो?"

माँ ने खाँसी युक्त साँस ली। उखड़े स्वर में कहा, "बस, लगता है अब तो गिनती की धड़कनें बाकी हैं।"

उसने पुनः अस्थिर-सी वाणी को शब्दों का धागा प्रदान किया, रुक्षता से कहा, "अपनी नहीं बांकू की चिंता है—सॉब—मेरे बाद इसका न आगा न पीछा।"

माँ का स्वर उखड़ने लगा था। मेजर कुलदीप ने उसे सांत्वना दी, तनिक निकट आते हुए कहा, "माँ, इसकी चिंता छोड़ो, अपना ख्याल रखा करो। जान है तो जहान है।"

माँ ने आह भरी, कहा, "इसके पिता भी ऐसा ही कहा करते थे। पर क्या करूँ, यह मन नहीं ठहरता। बांकू से पढ़ाई-लिखाई न हो सकी। पिता ट्रक ले जाते थे, ऊपर सीमा तक—उधर से आने वाली गोली का शिकार हो गए।"

चाय का गिलास मेजर कुलदीप के हाथ में छलक-सा गया। शरीर को विचित्र-सा धक्का लगा। बांकू का अतीत जान कर उसका मन भी खिन्न होने लगा। माँ के गहरे दुःख में भला वह कह भी क्या सकता था। माँ ने रुँधे कंठ को साफ किया, कसकपूर्ण वाणी में फिर कहा—

"इसे छोटी मोटी नौकरी मिल जाए—घर बसे—पोते का मुँह देख लूँ—; बस इसी लिए साँस अटकी है। इसके पिता के जाने के बाद सोचा था कहीं दूसरे ठौर चली जाऊँ—नीचे की ओर—पर बेटा; यह धरती हमारी माँ है; भला माँ को छोड़कर कोई जाता है। अब तो जीना मरना बस यहीं हैं। बांकू का कुछ हो जाए।"

माँ को सुनते-सुनते मेजर कुलदीप गहरी चिंता में डूब गया। सीमावर्ती गाँवों में ऐसे परिवारों की कमी नहीं थी। मेजर उनके बारे में सोचने के लिए विवश था; कुछ करना चाहता था, परन्तु कैसे—! फिर सहसा स्थिति में परिवर्तन आया। सीमा पार से आतंकवादी घुसपैठियों की पकड़ बढ़ने लगी। ऐसे जवानों की भर्ती का संकेत मिला जो प्रदेश के भीतरी मार्गों से परिचित हों। उन्हीं दिनों मेजर की यूनिट का लाँगरी बीमार पड़ गया। सब कुछ अस्त-व्यस्त सा हो रहा था। बांकू रसोई का काम दक्षता से जानता था। नए निर्देशों के अनुसार बांकू को अस्थायी भर्ती में लिया जा सकता था। मेजर कुलदीप ने आरंभिक कार्रवाई पूरी करके उसकी पक्की भर्ती के लिए वरिष्ठ अधिकारियों को लिख दिया। देश की 'लालफीताशाही' में बांकू के पत्र इधर से उधर ऊपर से नीचे कई महीनों तक लटकते रहे, और....

और सीमा पर घुसपैठ और आतंक अधिक गहरा गया। बांकू बड़ा प्रसन्न था, उसकी चिरसाध पूरी हो गई थी। रसोई की 'डियूटी' निभाते-निभाते उसने गोली दागने का अभ्यास भी जुटा लिया था। 'यूनिट' के अन्य सदस्यों की आत्मीयता के कारण वह हर प्रकार के शस्त्रों की जानकारी पाने में सक्षम हो गया था। भावी जीवन कब नयी

करवट लेता है, कोई नहीं जानता। सीमा पर शीत युद्ध की सी स्थिति थी। मेजर कुलदीप की पोस्ट से तनिक दूर पर्वत मालाओं का सिलसिला अत्यंत गोपनीय मार्गों में भटक जाता था। दूसरी ओर से आने वाले आक्रमणकारी बड़ी सुगमता से पर्वतों की पेचदार खाइयों में छिप जाते थे और अवसर पाते ही इधर टूट पड़ते थे। एक विचित्र प्रकार की आँखमिचौनी वहाँ हर समय चलती रहती थी।

सूचना मिली, घुसपैठिए बड़ी संख्या में खाइयों में शरणागत हैं। मेजर कुलदीप ने अपने कुछ सहयोगियों के साथ उन्हें ठिकाने लगाने का अभियान शुरू किया। कड़ाके की सर्दी के दिन थे, पौ फटने में अभी समय था—धुंध की परत दर परत ओरछोर को रहस्यमयी बना रही थी। सभी सैनिक धीरे-धीरे आगे सरक रहे थे। सहमी चाल और निश्चित मार्ग के अभाव में कौन आगे चला गया, कौन पीछे रह गया कोई नहीं जानता। सहसा एक सनसनाती गोली मेजर कुलदीप के बाजू को चीरकर निकल गई। वह लड़खड़ा गया, सँभलने में देर लगी। एक झटके में वह बड़े पत्थर से टकरा गया। आँखों के आगे घना अन्धकार छाने लगा। चेतनाहत-सी अवस्था में उसने दोनों ओर से गोलियों के दनदनाने की आवाजें सुनीं। एक साथ असंख्य 'राउंड' चलते और शांत हो जाते। एक ओर पत्थर पर टिका मेजर का शरीर अंतिम साँसें गिन रहा था। सहसा उसे लगा कोई भरकम-सा शरीर ढाल-सी बनकर उस पर छत्र-सा छा गया है, गोलियाँ चलती रहीं; और फिर सहसा सब कुछ शांत हो गया। मेजर कब तक पूर्ववत अचेतन अवस्था में पड़ा रहा, उसे नहीं पता। होश आने पर उसने अपने शरीर को उस व्यक्ति से मुक्त किया जो उगते सूर्य के धीमे प्रकाश में उसने देखा—बांकू का शरीर दोनों ओर से छलनी था। एक अज्ञात से व्यक्ति का इतिहास पूरा हो चुका था। दृश्य देखकर मेजर हतप्रभ रह गया।

एक अत्यंत सामान्य से समारोह के उपरांत बांकू का शरीर पाँच तत्त्वों में विलीन कर दिया गया। जो कुछ हुआ, लोगों ने जल्दी भुला दिया, शायद मेजर कुलदीप ने भी, परंतु सम्मान प्राप्त करने के उपरांत मेजर कुलदीप का अंतःकरण पुनः जीवंत हो उठा। बांकू के बलिदान से जुड़ी सभी घटनाएँ उसके मनःपटल पर सर्पदंश बनकर प्रकट होने लगीं। अंतर्मन के नागपाश उसकी श्वासों को जकड़ने लगे थे। मेजर वास्तविकता से पूर्णतया परिचित था। उस अभियान में किसने कौन-सी भूमिका निभाई वही जानता था। एक लंबे समय तक वह स्वयं को छलता आ रहा था। बांकू की माँ की सुध-बुध भी उसने बिसार दी थी।

दो 'पेग' रम पीने के बाद भी वह उद्विग्न भाव से करवटें बदलता रहा। बांकू के शरीर पर दनदनाती गोलियों के कर्कश स्वर से उसके कान फटने लगे। वह हड़बड़ाकर एक ही झटके में खड़ा हो गया। ऐसा लगा भीतरी नागपाश उसकी गर्दन के आसपास सर्पिल कुण्डली कसते जा रहे हैं। मेजर चीख उठा। श्वास-प्रश्वास तेज़ होने लगी और उसने मस्तक हाथों में भरकर झटक दिया। मन की नदिया का उफान आँखों के मार्ग

उमड़ने लगा। वह रो उठा—स्वयं को सँभालते हुए बोला, "भगवन, मैंने-मैंने, यह सब...ओफ।"

मेजर चिरकाल तक बिस्तर पर बैठा अपने विक्षिप्त अंतःकरण को संतुलित करने का प्रयास करता रहा। दीर्घश्वास भर स्वयं को आंतरिक दृढ़ता और निर्णय का विश्वास दिलाया। 'टैंट' की टिमटिमाती रोशनी की आँखें तनिक और खोल दीं। 'पैन' और अपना अधिकारीय 'पैड' लेकर एक विस्तृत-सा पत्र लिखा और कुछ सुरक्षाकर्मियों को लेकर सागर कुंड की ओर चल दिया। सागर कुंड से तनिक दूर मेजर ने अपने सहयोगियों से वहीं प्रतीक्षा करने का आदेश दिया। और स्वयं वह अकेला ही, पैदल, एक ओर चला आया।

धुँधली सवेर अभी पूरी तरह निखरी नहीं थी। दूर पर्वतों के पीछे शायद सूर्य की निद्रा पूरी तरह टूटी नहीं थी। पर्वतीय वृक्षों और झुरमुट के आसपास एक सहमी-सी प्रशांति माया जाल बुनती जा रही थी। वृक्षों के आनत पत्तों पर नीचे टपकने की प्रतीक्षा में ओस कण बेहाल से हो रहे थे। धीमा पवन दूर तक आह-सी भरकर कन्दराओं में दम तोड़ रहा था। मौन भाव से, भारी मन को उठाता हुआ मेजर जलाशय के पास चला आया। जलाशय पर कोहरे की हलकी चादर थी, फेनिल उच्छ्वास रहस्यमय वितान रचते जा रहे थे। मोड़ पर स्थित 'बांकू टी-स्टाल' अब पूरी तरह ध्वस्त हो चुकी थी, केवल एक छोटा खँडहर शेष था।

मेजर ने तनिक साँस भरकर ओवर कोट के कॉलर ऊपर किये। माथे पर जम रहे ओस कणों को स्वच्छ किया और धीरे-धीरे बांकू के घर की ओर सरकती सर्पिल पगडंडी पर चला आया। बांकू का घर था, मेजर ने चारों ओर देखा—सब कुछ धराशायी होने के कगार पर था। शुष्क पत्तों की सरसराहट के बीच एक टोकरीनुमा निवास के द्वार पर कुछ आहट-सी हुई। मेजर आतंकित हो उठा। किसी अदृश्य आकृति ने मानो द्वार को पीछे की ओर धकेल दिया। मेजर तनिक भयभीत मुद्रा में आगे तक चला आया। सीलन भरे बिस्तर पर माँ शायद गहन निद्रा में बुड़बुड़ा रही थी—

"बांकू—तू आ गया बेटा—बहुत देर कर दी—बूढ़ी माँ की याद नहीं आयी तुझे—फौज की नौकरी कैसी है रे—छुट्टी नहीं मिलती क्या...?"

कमरे में अँधेरा था; माँ के फड़फड़ाते ओठों को वह निकट से देख नहीं पाया। बिस्तर पर पड़े उस शरीर को वह छूने का साहस भी नहीं जुटा पाया। तनिक पीछे हटकर उसने माँ के चरणों में नमन किया जैसे कोई योद्धा अपनी मातृभूमि को नमस्कार करता है। पुनः एक वीर सैनिक की मुद्रा में खड़े होकर माँ को उसी भाव से सलामी दी जैसे उसके सामने अपना राष्ट्र-ध्वज हो। आंतरिक वेदना और आहों की फफक अश्रुधार बनकर मेजर की आँखों से टपकने लगी। दमित विषाद, आंतरिक कालिमा और स्वार्थ—तिल-तिल करके गलने को थे। मेजर कुलदीप ने सम्मान की राशि और सरकार को लिखे अपने पत्र की प्रति माँ के चरणों में रख दी और एक दीर्घ सिसक भर बाहर चला आया।

दूर कहीं पर्वत के शिखर पर अर्चना के घड़ियाल बजने लगे थे। मलयज पवन के अदृश्य पंखों पर सवार पूर्व की एक हलकी किरण मेजर के मस्तक को छू कर बांकू की माँ तक चली आयी थी। प्रसुप्त वृक्ष प्रसन्न भाव से लहलहाने को उत्सुक हो रहे थे। गगन के थाल से एक दैवी पुष्प मंगलगीत सँवारता हुआ मेजर के चरणों में आ गिरा, सातवें आसमान पर कोई मौन स्वर में कह रहा था–

"मेजर, तुम सचमुच बहुत महान हो।" बांकू भी कहीं आसपास ही था।

हारों में हार

"आँसू पोंछ डालो सुख रानी" मास्टर द्वारिकानाथ ने अपने पास फटी-सी चादर पर बैठी एक अधेड़ उम्र की महिला की तरफ देखकर कहा—"मैं तुम्हें रोती हुई नहीं देख सकता—कितना प्रेम है तुम्हें अपनी संतान से। काश! वह निर्दयी मंगल तुम्हारे अंदर झाँक सकता। मैं उस पापी को जीवन भर माफ़ न करता अगर वह तुम्हारा बेटा न होता—जानती हो, उसने आज मेरे थप्पड़ का जवाब थप्पड़ से दिया है; सिर्फ तुम्हारा ख्याल रखते हुए मैंने तो उसे सिर्फ कक्षा से ही बाहर निकाल दिया है। अगर किसी और अध्यापक के साथ ऐसा व्यवहार किया होता तो शायद वह स्कूल से बाहर होता। अगर मुझे पहले पता होता कि तुम अपने आँसुओं से मेरा हृदय मोम करके मुझे अपने शब्द वापस लेने के लिए विवश कर दोगी, तो मैं उसे सजा देता ही न—ऐसा करना उस शैतान को समझा-बुझाकर स्कूल भेज देना, मुझे तो अब वह अपमान सहन करना ही पड़ेगा।"

सुखरानी ने नीचे गिरी फटी-सी चादर समेट ली और धीरे से आगे सरककर द्वारिकानाथ के पाँव पकड़ लिए, रोती हुई बोली—"मास्टर जी मैं आपका यह उपकार जिंदगी भर नहीं भुला पाऊँगी। आप देवता समान हैं।"

"घर जाओ सुखरानी, मेरे पाँव छोड़ दो। परमात्मा से प्रार्थना करूँगा कि वह तुम्हारे दुःखों का अंत कर दे; उठो, और घर जाओ।"

सुखरानी उठकर खड़ी हो गई और दीर्घ आह भरकर बोली—"मैं मंगल को कल से फिर स्कूल भेज दूँगी।" और वह द्वारिकानाथ को मन में सौ-सौ आशीर्वाद देती हुई वहाँ से चली गई।

मंगल एक पल को भी चैन से नहीं बैठ सकता था। जब तक वह एक आध से लड़ाई न कर ले उसे खाना अच्छा नहीं लगता था। सिर फाड़ देना उसके लिए मक्खी मार देने के बराबर था। श्रेणी के दूसरे साथी उसे 'उस्ताद' या 'दादा' कहकर पुकारते थे। वह स्कूल भी जाता था तो चार साथी उसके स्वागत के लिए बाहर खड़े रहते थे। वह बड़ी अकड़ से स्कूल जाता मानो किसी बड़े रईस का बेटा हो।

मंगल अपने साथियों के साथ ताश खेलता, सिगरेट, भंग और चरस पीता। बगैर इस बात के ध्यान किए बूढ़ी माँ थाल में उसके लिए खाना लिए उसका इंतजार कर रही

है। वह उस वक़्त घर पहुँचता जब चारों तरफ शांति होती। सभी सो जाते। पर सुखरानी की आँखों में नींद कहाँ। दिन भर काम से थकी होने पर भी छोटा-सा दीपक दरवाज़े पर रखे मंगल की प्रतीक्षा करती रहती। छोटा मेलो जिसकी उम्र चार साल की थी पेट भरकर कब का सो चुका होता। लेकिन सुखरानी अपनी एक आँख को खुली रखकर किस तरह सो सकती थी? इन दोनों भाइयों की देखभाल के लिए वह कठिन परिश्रम करती थी। घर में कुछ न होने पर भी उसने मेलो और मंगल को कभी यह महसूस नहीं होने दिया था। कि उनका पिता नहीं है। फिर माँ का दिल तो होता ही बहुत विशाल है।

सुखरानी हर रोज़ सुबह उठती बाग़ से फूल चुनकर लाती उनके हार बनाती और मंदिर में आने वाले लोगों को बेच देती। मंदिर से वापस आने में उसे काफी देर हो जाती थी फिर भी स्कूल के समय से पहले ही वह मंगल के लिए खाने-पीने का सामान जुटा देती थी। मंगल के स्कूल जाते ही वह पड़ोसियों के बर्तन साफ करने चल पड़ती। उनके कपड़े धोती। एक के बाद दूसरे घर, फिर तीसरे न जाने कितने घरों का काम कर जाती।

उसे घर पहुँचने में देर हो जाती। पाँव धरती पर जल्दी-जल्दी पड़ने लगते। उसे डर होता कहीं उसका मंगल भूखा न सो जाए। आँधी की तरह घर पहुँचती परंतु मंगल अब भी घर न होता। वह निराश हो गिर पड़ती मंगल को देखने के लिए दिल व्याकुल हो उठता और रो पड़ती। मन को सहारा देने के लिए मेलो से चिपट जाती।

मंगल आधी रात गुज़र जाने पर घर पहुँचता। उसकी माँ इसी तरह आँखें खोले दरवाज़े पर बैठी रहती। मंगल को देखते ही उसका रोम-रोम खिल उठता। वह कहती—"मंगल बेटा आज फिर देर कर दी, कहाँ रहे बेटा?" मंगल किताबें फेंकते हुए मुँह फेर कर कहता—"तुम कौन होती हो मुझसे यह पूछने वाली?" 'बेटा' सुखरानी प्रेम से उसके बालों में हाथ फेरते हुए कहती—"मैं तुम्हारी माँ हूँ मेरे लाल—देखो तो कब से तुम्हारा इंतज़ार कर रही हूँ। खाना ठंडा हो रहा है।" मंगल माँ को झटका देकर पीछे हटा देता; चारपाई पर गिरते हुए कहता—"इतंजार करती हो तो मुझ पर कौन-सा एहसान करती हो, जाओ मैं खाना नहीं खाता।" सुखरानी का दिल टूट जाता। वह चारपाई के नजदीक बैठ जाती और मंगल के सिर पर हाथ फेरकर कहती—"अच्छा बेटा अब कुछ नहीं कहूँगी, तुम खाना खा लो। मैं यहाँ पर ला देती हूँ—"

"नहीं! नहीं! नहीं कह दिया न नहीं!" मंगल चीख कर सुखरानी का हाथ झटक देता। वह इंतज़ार करती कब मंगल आँखें बंद करे और वह उसका माथा चूमे। और मंगल सो जाता—सिसकते हुए दीपक की लौ में सुखरानी फिर उठती और मंगल की चारपाई पर आ कर बैठ जाती और धीरे-धीरे उसके बालों को ठीक करने लगती। दिल में डर होता कि कहीं जाग न जाए। फिर सहसा उसकी आँखों में आँसू आ जाते मानो कह रहे हों—"मेरे लाल! मैंने तुम्हारा क्या बिगाड़ा है? जो इस तरह मुझसे दूर-दूर रहता है, मैं तुम्हारे बगैर कैसे जी सकती हूँ?"

वह अपने होठ मंगल के मैले उभरे गालों पर रख देती—और न जाने कब तक उसे

सीने से लगाए वहीं पड़ी रहती...।

उस दिन मंगल फिर झगड़ा करके आया था। अपने गुरु द्वारिकानाथ के साथ, जो उसे इतिहास पढ़ाते थे। स्कूल में वे माने हुए अध्यापक थे।

सुखरानी लाठी टेकते हुए घर पहुँची। दरवाजा खोलते ही उसकी नज़र मंगल पर पड़ी वह मेलो को पीट रहा था। मेलो बेहोश फर्श पर पड़ा औंधा लेटा हुआ कराह रहा था। सुखरानी का शरीर काँप उठा। कड़कते स्वर में बोली–"मंगल, छोड़ दे इसे पापी! छोड़ दे।"

मेलो माँ माँ करता सुखरानी की टाँगों से लिपट गया। सुखरानी ने मंगल के क्रोध से हुए लाल चेहरे को देखा और बोली–"क्यों इस नन्ही जान के पीछे पड़ा है? क्या बिगाड़ा है इसने तुम्हारा?" मंगल ने दाँत पीसते हुए कहा–"इसी तरह मारूँगा इसे। अभी से यह मेरे साथ टक्कर लेता है तो बड़ा होकर क्या करेगा?"

'मंगला' सुखरानी भड़क उठी और उसने काँपते हाथों से लाठी उठाकर मंगल पर जमा दी। वह पीछे हटता हुआ बोला–"रोज़ रोज़ की बक बक को आज मैं खत्म करके ही दम लूँगा–या तो यह घर में रहेगा या मैं–बोलो तुम किसे रखना चाहती हो? बोलो...।"

चंदन रगड़ खाकर मानो और प्रचंड हो गया। सुखरानी सहन न कर सकी। मंगल को धक्का देते हुए बोली–"तुम ही क्यों नहीं चले जाते?"

सुखरानी नीचे बैठ गई। साँस फूल जाने के कारण वह अपनी बात पूरी नहीं कर पाई। मंगल ने अंदर जाकर अपनी किताबें और कपड़े बाँधने शुरू कर दिये। सुखरानी का विचार था कि मंगल कुछ देर बाद पुनः उनसे घुलमिल जाएगा–लेकिन वह तो जा रहा था–वह लपक कर मंगल से लिपट गई, उसे कंधों से पकड़ते हुए बोली–"रख दे किताबें...रख दे मंगल...। कोई माँ से इस तरह नाराज़ होकर जाता है भला।" "तुम, तुम हट जाओ अब मैं और इस नरक में नहीं रहूँगा..." मंगल ने सुखरानी को धक्का देकर पीछे गिरा दिया। सुखरानी लपककर फिर आगे बढ़ी और मंगल के हाथों से कपड़े छीन लिए। मंगल अस्थिर हो गया। उसने किताबें दूर पटक दीं, दीवार से माथा पटकते हुए बोला–"तुम माँ नहीं डायन हो।"

"मंगल...मंगल...मेरे बेटे...मेरे लाल..." सुखरानी रो पड़ी उसका माथा चूमते हुए..."मेरे रहते मरें तुम्हारे दुश्मन...स्कूल जाओ मैं तुम्हारे मास्टर से मिल कर आयी हूँ।"

मंगल पीछे हट गया। धरती पर पाँव पटकता हुआ बोला–"अब मैं स्कूल में नहीं जाऊँगा; वह स्कूल नहीं पागलखाना है समझी...फिर कभी मुझे कहा तो जान से मार डालूँगा...हूँ..." जल्दी से पैर पटकते बाहर चला गया।

दूसरे दिन नगर में बड़ा त्यौहार था। मेला देखने के लिए लोग दूर-दूर से आए थे। सामान बेचने वालों के लिए यह दिन चाँदी बनाने का होता था।

सुखरानी भी पिछले तीन दिनों से फूल इकट्ठे करने में लगी थी। दो दिनों में उसने ढेर सारे फूल इकट्ठे कर लिए थे उसे विश्वास था कि सभी हार बिक जाने पर वह घर में दो महीनों की सामग्री जुटा लेगी। इसीलिए वह उत्साह से मेहनत करने में लगी थी। परमात्मा की लीला, सुखरानी को उसी रात बुखार आ गया। उसका विचार था कि वह सुबह तक ठीक हो जाएगी। लेकिन बुखार और तेज़ होता जा रहा था। वह सुबह होने से पहले ही उठ गई। सारा शरीर अंगारों की तरह धधक रहा था। सिर दर्द से फट रहा था। धीरे-धीरे सूरज का प्रकाश चारों तरफ फैलने लगा। सुखरानी ने जैसे-तैसे सारे हार एक टोकरे में डाल लिए। टोकरे का भार ज्यादा था अकेली उठा सकने में सक्षम नहीं थी। ठीक उसी समय मंगल भी जाग गया। कमीज़ पहनकर बाहर जाने लगा तो सुखरानी ने दरवाजे का सहारा लेते हुए उसे पुकारा—"मंगल, मेरे बेटे ये हार मंदिर के बाहर बेचने हैं, मेरी तबीयत खराब है, तुम...।"

मंगल ने उसकी ओर फटी आँखों से देखा और कपड़े पहनते हुए बोला—"मैं तुम्हारा नौकर नहीं हूँ यह धंधा मुझसे नहीं होता...मुझे कहीं और जाना है..." कहकर मंगल अंदर चला गया। सुखरानी ने धीरे से टोकरी उठा ली मंगल की ओर सहज भाव से देखते हुए बोली—"अच्छा बेटा! परमात्मा तुम्हें सुखी रखे।" और वह मेलो को साथ लेकर मंदिर की तरफ चल पड़ी। मंगल दरवाजे पर खड़ा सारा दृश्य देखता रहा पर उसके मन पर कोई प्रभाव न पड़ा। कठोर पत्थर पानी की धारा से न पसीज सका। उसने अपनी माँ की तरफ देखा—वह झुकी हुई पीठ पर फूलों की टोकरी लिए धीरे-धीरे चल रही थी। वह उद्दंड बालक अपनी माँ को उसी हालत में छोड़ स्वयं मेला देखने चला गया।

उस दिन मंगल ने अपने दोस्तों के साथ एक लंबा-चौड़ा कार्यक्रम बना रखा था। मेला देखने के लिए बड़े-बड़े सेठ और साहूकार आए हुए थे। सबने अपने अस्त्र तेज़ करने शुरू कर दिए थे। मंगल भी जेबें काटने के लिए मेले में घूमने वाले लोगों में समा गया। मेले में बहुत भीड़ थी हाथ तेजी से लोगों की जेबें साफ करने लगे। वह साल भर का खर्च निकालने की धुन में था कि अचानक ही उसका हाथ पास खड़े सिपाही के हाथों में आ गया। सिपाही उसे अच्छी तरह जानता था फिर मंगल के हाथ में कैंची देखकर तो उसे पूरा यकीन हो गया कि वह जेबकतरा है। मंगल ने जब देखा कि भागने का कोई चारा नहीं तो उसने सिपाही के हाथ को काट खाया। सिपाही ने झटका देकर मंगल को पीछे गिरा दिया पर मंगल भागने में सफल हो गया।

भागते-भागते वह थक गया। शरीर में जब भागने की शक्ति न रही तो स्टेशन पर चला गया। ठीक उसी समय मद्रास जाने वाली गाड़ी ने सीटी दी। मंगल लड़खड़ाता हुआ गाड़ी में चढ़ गया।

तीन दिन गुज़र गए, मंगल घर नहीं पहुँचा। सुखरानी का दिल बैठने लगा। वह मंगल के बगैर जी नहीं सकती थी। सुखरानी मंगल की खोज के लिए निकल पड़ी। अपने आवारा और जेबकतरे बेटे की खोज में सारा शहर एक कर दिया लेकिन मंगल नहीं मिला। सुखरानी प्रतिदिन एक नई आशा लेकर मंगल के लिए निकल पड़ती लेकिन निराश और दुःखी होकर लौट आती। दिन भर कड़ी धूप में मंगल को पागलों की तरह पुकारती फिरती। पाँव फट गए, गर्मी से शरीर तपने लगता। सुखरानी मंगल के दोस्तों से उसका पता पूछती परंतु कोई जवाब न देता। वह रास्ते पर खड़े दरख्तों से पूछती, आकाश से भी ऊपर उठने वाले भवनों से पूछती—'क्या तुमने मेरा मंगल देखा है, बताओ कहाँ है मेरा बेटा। कहाँ?' इमारतें अपना सिर झुका लेतीं। सुखरानी के किसी भी प्रश्न का उत्तर उनके पास नहीं था। सुखरानी गलियों, बाज़ारों में घूमने वाले कुत्तों से पूछती—'तुम ही बताओ तुम्हें तो वह बहुत चाहता था। वह नाराज़ होकर क्यों चला गया है—बोलो?'

मौन कुत्ते सुखरानी के बहते आँसुओं को देखते, लार से भरी जुबान से अपना मुँह चाटते और दुम हिलाकर इस तरह चल देते जैसे उन्होंने कुछ सुना ही नहीं? थक-टूटकर सुखरानी घर आ जाती—मेलो को खिला-पिलाकर सुला देती और खुद लालटेन लेकर दरवाजे पर आकर बैठ जाती यह आशा लेकर कि मंगल एक दिन जरूर लौट आएगा। दरवाजा सारी रात खुला रहता परंतु वह न आता। इस तरह सुबह हो जाती। धुंध के साथ हल्की-सी रोशनी नई सुबह का संदेश लेकर आती परंतु सुखरानी के लिए इसका कोई अर्थ न था।

मंगल की मोहक आकृति सुखरानी को कचोटने लगती। फिर उसे मंगल की तस्वीर का ध्यान आता—भाग कर जाती दीवार से लटक रही शीशे के फ्रेम में जड़ी मंगल की छोटी-सी तसवीर उठा लाती। लालटेन की रोशनी में अपनी मंद होती आँखों की रोशनी से उसे एकटक देखने लगती—लेकिन निर्दयी आँखें उसे देख भी न पातीं क्योंकि उनसे पानी टपकने लगता। आँखें दिन प्रतिदिन कमजोर होती जा रही थीं फिर उसके निरंतर बहते आँसू उसके अंधेपन को और बढ़ावा दे रहे थे। वह सीधी खड़ी होकर तसवीर में कुछ ढूँढ़ने लगती। लेकिन आँखों के आगे अँधेरा छा जाता। एक फ्रेम में दो-दो तसवीरें दिखाई देतीं। वह बार-बार आँखें स्थिर करके कुछ टटोलने का प्रयास करती लेकिन व्यर्थ कुछ दिखाई न देता। दुखी होकर वह फ्रेम दूर रख देती। फिर एक दिन उसने फ्रेम दूर फेंक दिया। शीशा टूट गया। मंगल की तसवीर गत्ते से निकल दूर जा गिरी। उसने भाग कर मंगल की तसवीर उठा ली देर तक सीने से लगा सिसकती रही।

एक साल गुजर गया। मंगल का कहीं कोई पता न चला। सुखरानी को लगा कि उसकी

आशा के सारे महल गिर चुके हैं। वह मंगल को देखे बिना ही इस संसार से उठ जाएगी। जब कभी मन भर आता, जी रोने को करता वह मेलो के साथ ही मंगल की बातें करने लगती। मेलो अब कुछ समझदार हो गया था। अपनी माँ को रोते हुए देखता तो उसका मन भी बैठने लगता। वह माँ के सफेद बालों को ठीक करते हुए कहता—

"तुम इस तरह अकेली क्यों रोती रहती हो? मुझसे नहीं कहोगी मैं भी तो तुम्हारा बेटा हूँ।" सुखरानी चावलों से भरा थाल दूर रख कर मेलो को गोद में भर लेती और उसे सीने से लगाकर चूमने लगती। आँखें बरसने लगतीं...आह-सी भरकर कहतीं—"मेलो, तुम अपनी माँ के दुःख को नहीं समझ सकते। तुम अभी बच्चे हो...मेरे लाल...तुम अभी।" मेलो अपने छोटे-छोटे हाथ सुखरानी की झुर्रियों वाली गालों पर रख देता। धीरे से कहता—"न रो माँ, तुम भैया को याद करके रोती हो न....वह जरूर आ जाएगा। वह अपने साथ ढेरों रुपए लाएगा। फिर तुम्हारे सारे दुःख दूर हो जाएँगे।" और वह अपने छोटे-छोटे हाथों से सुखरानी के आँसू पोंछने लगता।

मंगल मद्रास जाने वाली गाड़ी पर बैठ तो गया पर दूसरे ही स्टेशन पर पुलिस ने पकड़ लिया। उस पर मुकदमा चला। छः महीने की कैद हुई। मंगल जेल की तंग एकांत कोठरी में था। वह कई बार चीख उठता परंतु उसकी चीख जेल की बंद कोठरी में ही दम तोड़ देती। वह माँ के लिए तड़प उठा। उसे कोई भीतर से झंझोड़ने लगा। मंदिर का सारा दृश्य एक चलचित्र की भाँति उसकी आँखों में घूमने लगा। मंगल देख रहा था उसकी माँ मंदिर के बाहर एक बड़े पत्थर पर खड़ी हार बेच रही है। बुखार से उसकी टाँगें काँप रही हैं। पास ही धरती पर बैठा मेलो हार ठीक करने में लगा था। धूप तेज होने पर उसके माथे पर पसीना आ गया था। उसने एक हाथ सिर पर रखा था तथा दूसरे में हार। फिर सहसा जैसे आँधी चलने लगी। बुढ़िया की आँखें जैसे बंद होने लगीं। शरीर काँपने लगा। मेलो माँ से लिपट गया। हार हाथ से छूटकर मंदिर की सीढ़ियों पर आ गिरा। सुखरानी जैसे एक तरफ लुढ़क गई। मंगल ने यह सारा दृश्य देखा था पर वह...। उसका मन उसे फटकारने लगा। 'मंगल तू दुष्ट है, पापी है तुमने माँ का दिल दुखाया है तुम कैसे सुख पा सकते हो। तुम्हें कभी शांति नहीं मिलेगी। उम्र भर ठोकरें खाते रहोगे...तुमने एक देवी जैसी माँ का दिल तोड़ा है...।'

मंगल जेल की सलाखों से लिपटकर रोने लगा। हर रोज़ माँ की याद उसे जगा देती। मंदिर का दृश्य बार-बार उसे कचोटता।

छः महीने गुज़र गए। मंगल का मन घर जाने का नहीं हुआ। वह कौन-सा मुँह लेकर माँ के पास जाए। जेल से बाहर आ वह लाखों लोगों में खो गया। उन्हीं दिनों लंका में भारी बारिश होने लगी। देश तूफान से घिर गया भारत सरकार सहायता के लिए आगे आयी। देश के कोने-कोने से स्वयं सेवी भर्ती होकर लंका जाने लगे। मंगल ने भी अपना

नाम लिखवा दिया। लंका जाने से पहले उसके मन में मिलने की इच्छा पैदा हुई। लेकिन समय कम था उसका मन भी तो...।

मंगल के सारे साथी लंका से वापस आ गये लेकिन वह नहीं आया। सोचने लगा मैं भारत जाकर क्या करूँगा। जब माँ को ही सुखी नहीं कर सका। उसने वहाँ सेना में नौकरी कर ली भाग्य ने उसका साथ दिया सफलता उसके चरण चूम रही थी। देखते-देखते मंगल सेना में एक अफसर बन गया। अब लोग उसे साहब कर पुकारने लगे। लेकिन उसके पास सब कुछ होते हुए भी माँ का आशीर्वाद और प्रेम नहीं था। सड़क पर चलते चलते जब कभी उसे अपनी माँ की याद आती या किसी वृद्धा को सड़क पर देखता तो भीतर पश्चात्ताप की आग उठने लगती। उसे कोई झिंझोड़ कर कहता—मंगल सेन सोच क्या रहे हो—तुम्हें कभी आंतरिक सुख नहीं मिलेगा... औरों के लिए तू बड़ा बन सकता है लेकिन अपनी माँ के लिए तू अब भी आवारा है, बदमाश और जेबकतरा ही है...। तुमने माँ का तिरस्कार किया है...। वह तुम्हें कभी माफ नहीं करेगी। दूसरे ही क्षण उसका मन चीत्कार कर उठता... 'मुझे माफ कर दो माँ...। तुम्हारे चरणों से परे मुझे कहीं शान्ति नहीं मिलेगी...। इस पापी मंगल को माफ कर दो...' वह धरती की ओर झुक जाता आँखों में आँसू भरकर कहता—'मैं आऊँगा माँ...। तुझसे माफी माँगने मैं आ रहा हूँ माँ—' और वह विमान द्वारा अपने शहर चला आया। दस सालों में शहर बदल चुका था। मंगल भी अब वह मंगल नहीं था। जवान हो चुका था। वह माँ से मिलने अपने घर की तरफ चल पड़ा। वह उसी जगह आ कर खड़ा हो गया जहाँ उसका टूटा हुआ मकान था। हैरानी से आँखें खुली रह गईं। अब इस जगह एक बड़ी इमारत खड़ी थी जो किसी बड़े सेठ की मालूम होती थी। मंगल ने आसपास के लोगों से अपनी माँ के बारे में पूछा लेकिन किसी ने भी ठीक निश्चित उत्तर न दिया...।

मंगल ने लंबी साँस ली और मंदिर की ओर चल पड़ा। मन पर भारी बोझ तथा आँखों में पश्चात्ताप के आँसू थे। दूर तक नज़र दौड़ाकर देखा माँ का कहीं पता नहीं था...। फिर एकाएक उसे त्योहार वाले दिन की याद आयी जब उसने माँ की प्रार्थना को ठुकरा दिया था। माँ को कितनी बड़ी चोट पहुँची होगी मंगल अब अनुभव कर रहा था।

वह भागकर गया और एक दूसरी दुकान से हारों की टोकरी खरीद लाया। जो हार बेचने में उस आवारा मंगल को लज्जा होती थी आज वही हार बेचने में कप्तान मंगल अपना सौभाग्य मान रहा था...हो सकता है इसी तरह उसके मन को कुछ शांति मिल जाए...।

बारिश तेज होने लगी। सभी लोग सड़क से हटकर मंदिर में चले आये। लेकिन मंगल अभी भी उसी तरह हार थामे वहाँ खड़ा था; वह पूरी तरह भीग गया लेकिन हार बेचने में उसी तरह मग्न था। सभी वहाँ से पीछे हट गए लेकिन मंगल उस जगह से पीछे न हट सका....।

माँ क्या कहेगी? क्या सोचेगी? मंगल ने इतना भी किया; सड़क पर चलने वाले

पल भर के लिए रुक कर उसे देखते फिर चल देते। लेकिन मंगल सिर झुकाये पत्थर बना, उसी पत्थर पर खड़ा रहा—हाथों में हार की टोकरी लेकर। पास से गुजरने वाले यही कहते 'बेचारा' बड़ा गरीब और दुःखी लगता है पहले तो इसे यहाँ कभी नहीं देखा...।

हाँ, मंगल सचमुच ही गरीब था। जिसे माँ का प्यार न मिला हो वह गरीब नहीं तो और क्या होगा? आकाश साफ हो गया बादल छँटने लगे। लोग फिर इकट्ठे होने लगे। मंगल ने सिर ऊपर उठाया। सामने एक पन्द्रह साल का लड़का खड़ा था। उसके पास भी हारों की एक टोकरी थी। वह मंगल के पास आकर बोला—"क्यों भाई! कौन हो तुम? यह जगह तो मेरी है—मेरी माँ तीस सालों तक इसी जगह पर फूल बेचती रही है...।"

"मेलो" मंगल चीख उठा और उसने हार फेंककर सामने खड़े लड़के को सीने से लगा लिया। मेलो ने भी भाई को पहचान लिया और बिलखकर उससे लिपट गया। सिसकता हुआ बोला—"तुमने बहुत देर कर दी भैया... माँ ने चार साल तुम्हारा इंतज़ार किया...और...फिर...।"

मंगल तड़प उठा। दिल दो टूक होकर कहने लगा...। सिर पटकते हुए बोल उठा—"आगे कुछ नहीं कहना मेलो मैं सुन नहीं सकूँगा...सुन नहीं सकूँगा मेलो...।" और मंगल वहीं धरती पर बैठ गया।

"मरते समय माँ ने मुझसे वचन लिया था कि मैं हर रोज़ यहाँ आकर हार बेचूँ....उसे यकीन था भैया कि तुम जरूर आओगे...मरते समय भी माँ के होंठों पर तुम्हारा ही नाम था।" मंगल उठा और भागकर मंदिर में चला गया...। 'माँ' पार्वती के चरणों पर गिर कर बोला..."जगत् माँ एक बार मुझे मेरी माँ के दर्शन करा दो। उस देवी को मेरे सामने ला दो मैं उसके मुख से सिर्फ इतना सुनना चाहता हूँ कि उसने मुझे माफ कर दिया"— ये शब्द सुनने के लिए मेरे कान व्याकुल हो रहे हैं। जगत माँ मुझे एक बार अपनी माँ के चरण छू लेने दो। नहीं तो मुझे जीवन भर सुख नहीं मिलेगा...।" मंगल रोने लगा। उसे खोया हुआ भाई तो मिल गया पर मन की शांति नहीं मिली। समय के साथ-साथ वह उन्नति करता चला गया परंतु मानसिक शांति और सुख न प्राप्त कर सका। कोई उसे बार-बार आकर यही कहता—'मंगल तुम सदा इसी तरह तड़पते रहोगे, तुमने अपनी माँ को दुःख दिया है...जानते हो...'

जब भी कभी उसे माँ की याद आती वह साधारण कपड़े पहन, हारों की टोकरी हाथ में लिए अपनी देवी जैसी माँ के अधूरे काम को पूरा करने के लिए मंदिर की सीढ़ियों के पास चला आता। न जाने कब तक वहाँ खड़ा हार बेचता रहता। माँ के इन्हीं हारों में कहीं उसकी अपनी हार छिपी हो।

भग्न प्रतिमा

शिल्पी की नींद खुल चुकी थी, शेष संसार अभी गहरी नींद सो रहा था। सब ओर से निश्चिंत-सब ओर से बेखबर, भविष्य नाम के शब्द से भी नितांत अनभिज्ञ। परंतु वह शुद्ध शिल्पी...उसे तो वैसाखी से पूर्व किसी भी प्रकार उस विशाल प्रतिमा को संपन्न करना था। वैसाखी के पुण्य पर्व के दिन देश के महान् नेता द्वारा उसी प्रतिमा का अनावरण किया जाना था। प्रतिमा–पुनीत प्रतिमा, स्वतंत्रता संग्राम में काम आये वीरों की स्मृति का पुण्य पर्व; आह! वृद्ध की छाती का दर्द बढ़ने लगा। छोटी लालटेन के प्रकाश में उसने प्रतिमा के ज्वलंत नेत्रों की ओर देखा, सहज विकस के स्थान पर वहाँ वक्रता थी। शिल्पी की साँस उखड़ने लगी, शरीर की शक्ति यकायक न जाने कहाँ खो गई–लगा स्वतंत्रता संग्राम के सेनानियों का वह पुनीत मंदिर कभी पूरा नहीं होगा। सहसा शिल्पी का रोम-रोम पूर्व अपरिचित उल्लास से रंजित हो चुका, उसका पौत्र कुमार उसकी उखड़ी साँस को सुनकर जाग चुका था। कुमार–हाँ वही, आनेवाले कल का मनोरम दीप; जल का पात्र शिल्पी के ओठों से सटा था। कुमार चकित मुद्रा में प्रतिमा को निहार रहा था; नन्ही आँखें, लालटेन का मंद प्रकाश–अधूरे मंदिर में निबिड़ अंधकार की सहम–कुमार का सहज स्वर फूटा, "बाबा, यह मूर्ति किसके लिए है?" "तुम्हारे लिए बेटा, आने वाले युग के लिए...जो देश भक्त अब नहीं है उनकी स्मृति का यह चिह्न...हमारा इतिहास...!"

वृद्ध पुनः खाँसने लगा, कंपित हाथों में हथौड़ा पकड़ने की क्षमता नहीं थी, आँखों की दूरी कल्पना को झुठला रही थी। कुमार अँधेरे कोने में दुबक गया, टूटे मंच पर उसने टाँगें पसार दीं। बाबा तुम कहते थे मूर्ति बहुत जल्दी बन जाएगी...। "हाँ बेटे वृद्ध के कंपित हाथ यंत्र के साथ–लेकिन सीमेंट नहीं मिला....।" वृद्ध की आह फूटी। कुमार के निर्निमेष नेत्र अँधेरे में भटक गए। शून्य योग, शून्य दृष्टि...शून्य साँस...छोटे ओठों ने करवट ली।

"लेकिन बाबा भग्न चाचा का मकान तो कब का बन चुका है।" बेटे–वृद्ध ने छाती में वायु भरने का प्रयास किया, "वे तो मंदिर की सभा के प्रधान हैं?" "तो क्या हुआ?" कुमार के नेत्र स्थिर थे। "सब ऐसा ही होता है–" "लेकिन कैसे?" कुमार के शब्द कोई अर्थ न आ सके। लालटेन ने मानो अंतिम श्वास ली हो। भभक के साथ

चकाचौंध करने वाला प्रकाश। वृद्ध शिल्पी उद्विग्न होकर बत्ती के समीप चला आया। नहीं! आज की रात तो इसे जलना ही होगा, घर में मिट्टी का तेल—शायद—शिल्पी का अंतस् जल रहा था। प्रतिमा के चेहरे की उज्ज्वलता दबी आहों में....कुमार उठकर वृद्ध के पार्श्व में चला आया। हरे बाँस के लटक रहे लट्टू की ओर संकेत था। बाबा यह बत्ती क्यों नहीं जलती? तुम तो इस रोशनी में..., वृद्ध ने दबी पलकों से आने वाले कल का अँधेरा समेटने का प्रयास किया; गहरी साँस भरकर कहा, ''पानी नहीं है;'' 'पानी' कुमार का मस्तक गगन छूने लगा।'' पानी तो मटके में बहुत है, बाबा—

वृद्ध के शुष्क ओठ खुले, सांत्वनामय व्यंग्य। ''वह पानी नहीं है बेटे—सरकारी पानी—पहाड़ी पानी....'' और शिल्पी ने ओठ सी लिए।

'सरकारी पानी' वह कब आएगा बाबा—वृद्ध शिल्पी धीमे प्रकाश में पुनः प्रतिमा से जुट गया। कमलचक्र पर विशाल देश का रक्तपूर्ण इतिहास। रक्तस्नातः वे हाथ—कुमार ने अनुरोध किया—बोलो न बाबा—पानी कब आएगा—कब आएगा पानी...। वृद्ध शिल्पी के नेत्र टपक पड़े, मूर्ति के चरण धोने के लिए गंगा जल। वृद्ध के ओठ काँप रहे थे।...''मेरे बच्चे जब यह प्रतिमा संपन्न हो जाएगी तब...तब...फिर—''

वैसाखी का पुण्य पर्व : मंदिर के प्रांगण में पूर्ण अपरिचित चेहरे। कोलाहल—उन्माद; रंग विलास—नहीं, सहसा नेता के नेत्र पथरा गए; प्रतिमा का अनावरण होते ही कलाकार की आराधना खंड-खंड हो गई। दो टुकड़े आकाश से धरती पर आ गिरे—हाहाकार, भगदड़—सब चौपट, ध्वंस या निर्माण—धूप या छाँव, सब सहम गये—इस कच्चे मकान में शिल्पी का ठंडा शरीर चिता की आग के लिए....नन्हा कुमार अब भी आने वाले कल की संज्ञा को झंझोड़ रहा था—''बाबा उठो, उठो बाबा; मूर्ति टूट गई है बाबा...बा...बा...अभी निर्माण पूरा नहीं हुआ...सब कुछ अधूरा है...बाबा...उठो...।'' एक बार फिर प्रगाढ़ नीरवता। फिर सहसा विलास—वैसाखी का वही त्योहार, लेकिन सब कुछ ढला हुआ। मिटा हुआ; भग्न प्रतिमा के निकट खेलते बच्चे....बच्चे, सिर्फ बच्चे, उज्ज्वल भविष्य की कामना करते नन्हे हाथ और स्वतंत्रता सेनानियों के खंडित अवशेष।

दिव्य सेतु

और आचार्य चले गये, मृणाल उस योगी के बढ़ते चरणों को रोक न सकी, पग आगे रखते हुए, शांत भाव से आचार्य भास्कर उस विशाल भवन की सीढ़ियों से उतर नगर के लाखों अन्य प्राणियों में पुनः खो गये—मृणाल द्वार का सहारा लिए चिरकाल तक उन्हें देखती रही; देखती रही जब तक आचार्य दृष्टि से ओझल नहीं हो गये। आचार्य के दूर रहते ही मृणाल स्वयं पर काबू न पा सकी। शरीर में मानों खड़े रहने की शक्ति न रही हो और वह वहीं द्वार को पकड़ नीचे बैठ गई; मस्तक झुक गया; हाथों में पकड़े हुए पुष्प दूर जा पड़े, आज मृणाल को पहली बार यह अनुभव मिला कि उसका रूप, उसके सौंदर्य की छटा; संगमरमर की भाँति दीप्त शरीर पैरों से बँधे नुपूर यत्न करने पर भी आचार्य के बढ़ते चरणों में बेड़ियाँ न डाल सके। वायु में लहराते कुंतल केश; झूम कर कटि तक पहुँचने वाले वे नाग भी तो भास्कर के सम्मुख मकड़ी-सा जाल न बुन सके। मृणाल को ऐसे लगा मानो किसी व्याध ने उसके पंख काट कर उसे ऊँची उड़ान से सदैव के लिए वंचित कर दिया है। सोचती, ऐसा कैसे हो गया? जंगलों में मारा-मारा फिरने वाला भास्कर इस भवन से जा कैसे पाया? यहाँ पर तो आज तक जो भी आया परास्त होकर ही गया है, फिर यह भास्कर? जी में आया; सब को आग लगा दे; गगनचुम्बी विशाल भवन तत्क्षण राख का ढेर हो जाय; मन उद्विग्न हो गया; सो उसने नुपूर उतारकर दूर फेंक दिये, तन पर शोभित आभूषण मानो उसे काटने लगे; और वह सब कुछ त्याग कर, एक योगिन का सा वेश बना, पलंग पर आ गिरी और न जाने कब तक भास्कर के लिए आँसू बहाती रही। विगत जीवन की प्रत्येक घटना एक-एक करके उसके नेत्रों के आगे चलचित्र की भाँति घूमने लगी।

मृणाल उस नगर की प्रसिद्ध नर्तकी थी। उसका भवन प्रत्येक रसिक के लिए जिज्ञासा का केंद्र था। कभी-कभी दर्शकों के मन में शंका अवश्य उत्पन्न होती कि इतना विशाल भवन एक नर्तकी का कैसे हो सकता है? परंतु उन्हें यह ज्ञात नहीं था कि मृणाल नगर की उन नर्तकियों में से है जिनके द्वार पर बड़े-बड़े सेठ आकर मस्तक झुकाते हैं। मृणाल के एक ही हावभाव पर सेठ सोने-चाँदी के सिक्कों की बरसात कर देते थे। मृणाल के मृग से चपल नयन जिस ओर भी पड़ते, बस प्रलय मचा देते। मृणाल के कक्ष से उठती नूपुर ध्वनि समीप कल-कल बहती गंगा के मधुर संगीत से एक लय हो जाती

और समीप से गुज़रने वाले यात्री घंटों इस ध्वनि में बँधे वहीं खड़े रहते।

उस दिन मृणाल के भवन में बहुत चहलपहल थी, देश के बड़े राजकुमार के स्वागत की तैयारी हो रही थी। मृणाल दर्पण के सम्मुख बैठी कुछ सोच रही थी। उस राजकुमार को वश में करने के लिए कौन-कौन से हावभाव अपनाने होंगे? इन्हीं विचारों में डूबी न जाने वह कब तक अपने ही रूप पर रीझती रही। उसे इस बात का ध्यान भी न रहा कि उसकी दासी कुब्जा उसके केश सँवारने के लिए खड़ी है–

"मालकिन" कुब्जा ने केशों को हाथों में भरते हुए कहा, "किस सोच में हो?"

"ओ" मृणाल चौंक उठी, ओठों पर मुस्कान लाकर बोली, "सोच रही थी, आने वाले उस राजकुमार के सम्बन्ध में–"

"आप तो व्यर्थ ही चिंता कर रही हैं, मालकिन आपको देखते ही बेचारा–"

"यह तो ठीक है, कुब्जा, परंतु–"

"परंतु क्या, मालकिन?" कुब्जा ने हाथ रोकते हुए पूछा।

"न जाने किस स्वभाव का होगा–"

"स्वभाव जाए भाड़ में" कुब्जा ने केशों को झटका देते हुए कहा।

"हमें तो आम से मतलब है न कि–"

मृणाल ने कुब्जा की बात की ओर ध्यान नहीं दिया, मस्तक फेर कर सामने खिड़की के बाहर देखने लगी।

"कुब्जा" मृणाल तुरंत बोल उठी।,

"वहाँ घाट पर आज इतनी भीड़ क्यूँ है?"

"हाँ मालकिन।" कुब्जा समीप बैठती हुई बोली।

"मैं तो आपको बताना ही भूल गई, सुना है एक पहुँचे हुए महात्मा पधारे हैं और यह भी सुना है अभी तक शादी नहीं की उन्होंने–"

"शादी नहीं की?" मृणाल ने आश्चर्य से पूछा।

"कहते हैं वे बहुत बड़े योगी हैं उन्हें विवाह की इच्छा ही नहीं है, वे इच्छा रहित हैं।"

"यह असम्भव है।" मृणाल ने तुरंत उठते हुए गंभीर वाणी में कहा।

"मैं इसे नहीं मानती, इच्छा रहित हो सकना असंभव है।"

कुब्जा ने उठते हुए कहा, "यह क्या? आप तो गंभीर विवाद में पड़ गई हैं? चलो छोड़ो, कोई और बात करें।"

"विवाद नहीं, कुब्जा" मृणाल ने उसी भाव से कहा, "यदि ऐसा है तो, मैं उस योगी से मिलना चाहती हूँ।"

"परंतु मालकिन, उस आने वाले राजकुमार का क्या होगा?"

"उसे संदेश भिजवा दो, हमारा स्वास्थ्य ठीक नहीं है। एक सप्ताह पश्चात् पधारने का कष्ट करें।"

"एक संन्यासी के लिए इतने बड़े राजकुमार का निमंत्रण ठुकरा देना–"

मृणाल ने कुब्जा की बात पूर्ण नहीं होने दी और बीच में ही काटते हुए कहा, "कुछ भी हो कुब्जा, मैं आचार्य के पास अवश्य जाऊँगी।"

"आप और भवन से बाहर जाएँगी?" कुब्जा ने और भी आश्चर्य से कहा।

"क्यों, मुझे बाहर कुछ हो जाएगा?"

"लोग मार्ग पर से गुज़रना दुष्कर कर देंगे।" कुब्जा ने उत्तर दिया।

"तो फिर क्या किया जाए?"

कुब्जा ने कुछ सोचकर कहा, इतना बड़ा योगी और एक वेश्या के घर–"

"यही तो भेद की बात है, मालकिन, आप सब कुछ मुझ पर छोड़ दीजिए, कल प्रातः आचार्य के चरण इस भवन में।" इतना कहकर कुब्जा वहाँ से चली गई।

भोर का समय था--सूर्य उदय होने में अभी काफी समय था, अतः घाट पर यात्रियों की भीड़ ज्यादा नहीं थी। इसी समय कुब्जा घाट पर पहुँची चारों ओर दृष्टि घुमाकर देखा, आचार्य कहीं नज़र नहीं आये। पीछे कुछ दूरी पर एक साधु टहल रहा था–

कुब्जा ने उस व्यक्ति की वेशभूषा देखकर कहा, "आप स्वामी भास्कर।"

"कहिये क्या बात है।" उस व्यक्ति ने बात स्पष्ट करते हुए कहा।

"मैं हूँ चेतनानंद, आचार्य का प्रधान शिष्य।"

कुब्जा ने चेतनानंद को प्रणाम करते हुए कहा, "उनसे विशेष काम था।"

"काम?" चेतनानंद ने कुछ सोचते हुए कहा, परंतु वे तो इस समय किसी से नहीं मिलते–"

"आने दो चेतनानंद," भास्कर ने दूर से कहा।

"गुरुदेव! परंतु।" चेतन ने आश्चर्य व्यक्त किया।

चेतन कुछ कह न सका और कुब्जा को साथ ले भास्कर के समीप पहुँच मस्तक झुकाकर खड़ा हो गया।

"क्या चाहती हो, देवि।" भास्कर ने शांत भाव से कुब्जा से पूछा।

कुब्जा ने कुछ रुककर कहा, "हमारी मालकिन ने आपको निमंत्रण भेजा है, वे आपके दर्शन करना चाहती हैं।"

"दर्शन"–चेतनानंद ने बात काटते हुए कहा।

"दर्शन करने हैं तो आपकी मालकिन को स्वयं गुरुदेव के पास चलकर आना चाहिए था।"

"नहीं चेतन, ऐसा न कहो।" भास्कर ने चेतन को रोकते हुए कहा।

"यदि हमारे वहाँ जाने से किसी को सुख मिल सकता है तो इससे बड़ा पुण्य और क्या होगा।"

पुनः वे कुब्जा की ओर मुड़कर बोले, "हाँ तो हमें कहाँ चलना होगा, देवि?"

"जी," कुब्जा ने संकेत करते हुए कहा, "सामने मोड़ पर जो भवन है वहाँ।"

चेतन क्रोध से भर गया और भड़क उठा, "गुरुदेव, वह तो एक वेश्या का भवन है।"

'वेश्या' भास्कर ने मुस्कुराकर कहा, "दूसरे व्यक्ति ऐसा मान सकते हैं, मैं नहीं—मेरे लिए तो वह केवल एक नारी है।"

"परंतु स्वामी, यदि किसी ने आपको वहाँ देख लिया तो।"

"तो कुछ भी हानि नहीं होगी।"

"परंतु आचार्य, लोग क्या सोचेंगे?"

"इन बातों का विचार वे लोग करते हैं जिनके मन में पाप है। चेतन! कसौटी न बनो, मुझे मार्ग दो; मुझे जाना ही है।"

पुनः वे कुछ रुककर कुब्जा की ओर देखते हुए बोले, "चलो देवी, यह दास उपस्थित है।"

चेतन वहीं खड़ा आश्चर्य भाव से सब कुछ देखता रहा और भास्कर कुब्जा के पीछे-पीछे मृणाल के भवन की ओर चल पड़े।

उनके भवन तक पहुँचते-पहुँचते चारों ओर प्रकाश फैल चुका था—पूर्व की किरणें श्वेत धुंध में स्वर्ण डोरियों-सी लग रही थीं—आचार्य के साथ कुब्जा ने भवन में प्रवेश किया, भवन का सिंह द्वार खोल कर कुब्जा ने एक ओर हटते हुए कहा, "पधारिये देवता।"

धीरे-धीरे पग आगे रखते हुए आचार्य भीतर चले गये, एक बहुत बड़े कक्ष में पाया उन्होंने स्वयं को; दोनों ओर दासियों की कतारें, हाथों में पुष्प मालायें—

आचार्य ने इन सबको एक बार देखा परंतु जिसे नेत्र देखने को उत्सुक थे वह...

"महात्मन् आगे बढ़िये—"

दासी झुककर भास्कर के चरणों के समीप पुष्प रख देती। भास्कर एक क्षण रुकता, फिर पग आगे रख देता—

इसी समय मानों सूर्य की किरणों ने उस कक्ष में प्रवेश किया, कक्ष का सारा फर्श कंचन की तरह जगमगा उठा। समीप लटक रहे पर्दों पर लगे सितारे झिलमिला उठे। एक नवीन प्रकार की शोभा, नया भाव, उस भवन में कौंध गया। एक-एक करके सभी दासियाँ पीछे हट गईं—सामने मृणाल के अंतरंग कक्ष का द्वार था। हाथों में पुष्पमाला लिये, वह अप्सरा-सी प्रसन्नचित्त खड़ी थी। फर्श पर मानो दिव्य आलोक बिखर गया; दृष्टि चरणों पर पड़ी मस्तक धीरे-धीरे ऊपर उठा—मृणाल के नेत्र...? एक-एक करके नेत्र शरीर के प्रत्येक अंग और प्रत्येक वस्त्र से ऊपर उठकर कंधों तक जा पहुँचे, पलक झपकी—हलकी थिरकन ने ओठों को छोड़ दिया—और मृणाल मुस्कुरा उठी। माला डालने के लिए ऊपर उठे हाथ वहीं रुक गए, आचार्य के मुख पर वह दिव्य आलोक-हृदय धड़क गया, शरीर हिलने लगा—नेत्र अस्थिर हो झपक से गए—कितना आलोक, कितनी शान्ति

और कितना आकर्षण था वहाँ;

मृणाल हतप्रभ-सी उस अलौकिक रूप को निहारती रही। पहला अवसर था जब किसी पुरुष ने उसके भीतर ऐसा प्रलय उत्पन्न किया हो? वह तो स्वयं को ही विश्व के समस्त सौंदर्य का आधार समझती थी परंतु भास्कर? ओफ।

"देवि!" भास्कर ने मृणाल को चौंका दिया।

"देवता।"

मृणाल ने नेत्र झुकाते हुए कहा।

"क्षमा करना प्रभु, आपको कष्ट दिया," और दूसरे ही क्षण मृणाल ने माला भास्कर के कण्ठ में डाल दी, हाथ जोड़कर भास्कर के चरणों पर झुकती हुई बोली—

"आपके इस कष्ट के लिए मुझे जीवन भर दुःख रहेगा।" भास्कर केवल मुस्करा ही सके।

मृणाल ने कोमल शैया की ओर संकेत करते हुए कहा, "विराजिये।"

भास्कर ने मस्तक हिला दिया, ओठ तर करते हुए वे नीचे फर्श पर बैठ गये। मृणाल हँस दी और बोल उठी।

"शरीर को कष्ट देकर तो कुछ भी प्राप्त नहीं किया जा सकता—देवता।"

"कष्ट और आराम। ये तो शरीर का ही धर्म है।"

आचार्य की बात सुन मृणाल कुछ मुस्कराई और पुनः बोली, "तो आपका भाव यह कि संसार भोगने के लिए नहीं है।"

"इच्छा नहीं है।" मृणाल ने आचार्य के मुख की ओर देखकर कहा, "यहाँ तक पहुँचने में क्या आपकी कोई इच्छा?"

आचार्य मानो चौंक पड़े—आश्चर्य से मृणाल की ओर देखा, वह तो अब भी मुस्करा रही थी, कुछ सोचकर आचार्य ने कहा।

"मैं समझा नहीं देवि!"

"ठहरिये देवता, मैं समझाती हूँ।" मृणाल ने संकेत किया, दासियों ने संगीत छेड़ दिया, नूपुर झनझना उठे; कंगन छनक गए और मृणाल नाच उठी, नाच उठी आचार्य को प्रसन्न करने के लिए, झूम उठी लतिका समान, कल-कल सरिता समान, मधुर और धीमा राग छेड़ दिया, राग इसलिए कि भास्कर सब कुछ भूल कर स्वयं को उसके चरणों पर डाल दे। आचार्य कुछ अस्थिर हो उठे। मृणाल के उभरते अंगों की छटा से शांत हृदय मानो डगमगा गया नेत्रों में मस्ती छा गई—ओठ तर होने लगे।

परंतु यह क्या? आचार्य को मानो झटका-सा लगा, वायु के तीव्र झोंके ने खिड़की से लटक रहा पर्दा दूर झटक दिया; वायु प्रवाह में मृणाल के केश, लहर-सी बना उसके मुख पर आ गिरे। चंद्रमा मानो काली घटा में छिप गया परंतु आचार्य? उनकी दृष्टि मृणाल पर नहीं कहीं और थी। कान मृणाल के संगीत पर नहीं, कहीं अन्यत्र थे, वे देख रहे थे खिड़की से परे घाट के समीप दूर-दूर तक फैले वृक्षों को, यहाँ से उन्हें अब भी

प्रधान भिक्षु का राग 'धर्मं शरणं गच्छामि' 'बुद्धं शरणं गच्छामि' सुनाई दे रहा था।

"वासना!" आचार्य मुस्कराये और दूसरे ही क्षण उन्होंने नेत्र मूँदे लिये—मृणाल का हृदय दो टूक होने लगा। पाँव शीघ्रता से भूमि पर पड़ने लगे, पक्षी जाल को काट कर पुनः उड़ने की तैयारी में था। मृणाल किसी भी अवस्था में इसके लिए...वह अधिक सतर्क होकर नाचने लगी, वह खूब नाची और इतना नाची कि प्रत्येक अंग थककर चूर हो गया—शरीर के पुर्जे ढीले हो गये।

मृणाल सँभली परंतु पाँव लड़खड़ा गये—शरीर काबू से बाहर हो गया और वह आचार्य के समीप टूटती दीवार-सी गिर पड़ी, "देवता, नेत्र खोलिए," मृणाल ने आचार्य को हिलाते हुए कहा।

परंतु आचार्य तो वहाँ होते हुए भी कहीं और थे, कुछ हिले और मुस्कराकर नेत्र खोल दिये, "तुम्हारा संकल्प पूरा हुआ, देवि, अब भिक्षु को जाने दो—" आचार्य ने उठने का यत्न करते हुए कहा।

मृणाल ने नूपुर ठीक करते हुए तनिक व्यंग्य में कहा, "आप जा सकेंगे?"

"क्या मतलब?" आचार्य ने आश्चर्य से पूछा।

"इस भवन में प्रत्येक आदमी अपनी इच्छा से आता है, और जाता है मृणाल की इच्छा से—"

मृणाल ने अपने कोमल से हाथ को आचार्य के मुख के समीप ले जाते हुए कहा।

"देवि!" आचार्य तुरंत बोल उठे, "अपने को वश में रखो।"

"वश में रखूँ और इस यौवन में"—मृणाल ने अँगड़ाई लेते हुए अपनी बाँहें आचार्य के कंठ की ओर बढ़ा दीं।

"मृणाल," आचार्य को मानो खेद हुआ—तुरंत पीछे हट गए।

"यह ठीक नहीं है देवि!"

"क्या ठीक नहीं है देवता?" मृणाल ने आचार्य की ओर बढ़ते हुए कहा, "कुएँ के पास आकर भी यदि कोई प्यासा ही लौटना चाहे तो उसे भाग्यहीन ही कहा जा सकता है।"

आचार्य का शरीर काँप उठा क्रोध से नहीं—खेद से—ग्लानि से।

"देवि!" गले में पड़ी माला आचार्य ने उतार दी।

"तुम्हारे आतिथ्य के लिए धन्यवाद—"

"अब मुझे आज्ञा चाहिए—भास्कर को जाना ही है।"

मृणाल तुरंत भाग कर आचार्य के आगे खड़ी हो गई। "यदि मैं आपको न जाने दूँ तो।"

"इतनी क्षमता तुममें नहीं है देवि।" आचार्य ने आगे बढ़ते हुए कहा।

"आप परीक्षा लेना चाहते हैं?"

"वह तो हो चुकी, मृणाल।" आचार्य ने मुस्कराकर कहा।

"जिसे स्वयं पर काबू नहीं है, वह एक भिक्षु को कैसे रोक सकती है? कभी नदी का प्रवाह भी रोका जा सकता है?"

कुछ रुककर आचार्य पुनः बोले, "हमें जाने दो, देवि।"

मृणाल ने मार्ग रोकते हुए कहा, "आप अन्याय कर रहे हैं आचार्य, किसी को दुःखी करके लौट जाना क्या यह उचित है?"

आचार्य ने साँस भरकर कहा, "मृणाल! दुःख तुम्हें मेरे लौट जाने का नहीं है, दुःख तुम्हें इस बात का है कि तुम्हारा हर भाव निष्फल रहा।"

आचार्य के शब्दों से मृणाल को खेद हुआ, तनिक रुककर उसने कहा, "आचार्य, आपका इस भवन से यूँ चले जाना भी तो आप पर कलंक ही बनेगा, आप सा महायोगी और इस वेश्या के भवन में–"

आचार्य मुस्कराये और कहने लगे, "कलंक समझेंगे वे जिन्हें कलंक शब्द का अर्थ नहीं पता, तुमने सुना नहीं, गंगा का पावन जल हर कलंक को धो देता है।"

"आपको पश्चात्ताप होगा, आचार्य।" मृणाल ने द्वार का सहारा लेते कहा।

"यह भी तुम्हारा भ्रम ही है मृणाल। आता कौन और जाता कौन है, यह तो केवल समझ का फेर है–केवल विश्वास दृढ़ होना चाहिए।"

"आचार्य तो क्या?"

"किसी भी दूसरे व्यक्ति को तुम यहाँ रोक सकती हो फिर मैं तो...?"

मृणाल ने मस्तक उठाकर देखा, आचार्य जा चुके थे, नेत्र सजल हो उठे, भाग कर अपने कक्ष में आयी–और पलंग पर गिर पड़ी–फिर न जाने कब तक...?

समय बीता कुब्जा उसके पास आयी और मस्तक पर हाथ फेर, उसे सांत्वना देती हुई बोली, "मालकिन, यह क्या? यह सब तुम्हें शोभा नहीं देता–एक भिखारी के लिए यह आँसू? स्वयं पर काबू रखो, देखो राजकुमार आ रहे हैं। उनके स्वागत का प्रबंध करना है उठो।"

"कुब्जा," मृणाल ने मुख छिपाते हुए कहा।

"मुझसे अब यह न हो सकेगा?"

"मैं कुछ न कर सकूँगी–योगी ने मेरा तिरस्कार किया है, मैं उसे जरूर प्राप्त करूँगी, कुब्जा किसी भी कीमत पर...।"

"मालकिन," कुब्जा ने मृणाल का मस्तक ऊपर उठाते हुए कहा, "हठ छोड़ो, बहता हुआ जल और रमता साधु न किसी से रुके हैं न रुकेंगे अभी पता करके आ रही हूँ।"

"आचार्य और उसके गण नगर छोड़कर जा चुके हैं।"

मन को एक झटका-सा दिया और आचार्य की इस घटना को एक स्वप्न समझ कर भुला दिया, केवल आचार्य को जीत न पाना ही तो उसकी पराजय ही नहीं है, मन ने कहा।

"भला एक योगी के लिए अपना मार्ग क्यों बदल दूँ? मृणाल एक वेश्या है जिसने ढलता हुआ सूर्य कभी देखा ही नहीं।"

मन ने फिर नये अंकुर पाये, रंग बदले और मृणाल के दिल में एक नवीन तरंग जाग उठी। मन पुलकित हो उठा—रिक्त पाँव पुनः नूपुरों से जा लगे, कोमल शरीर एक बार पुनः अलंकारों से लद गया और मृणाल झूम उठी, छाया मिट गई भास्कर के तीर पुष्प बनकर छा गए—हृदय की धड़कन संगीत में परिवर्तित हो ओठों के मार्ग बहने लगी—और मृणाल राजकुमार के अंक में गिर पड़ी—मस्तक उसके वक्षस्थल पर रख दिया—और—और—उसका मुख राजकुमार के अधरों का रसपान करने के लिए—दूर कहीं सूर्य छिप रहा था, अपनी प्रेमिका के मिलने के लिए मानो वह भी पर्वतों की ओट ले रहा हो।

समय पलक मार गया; धरती ने कई बार नए वस्त्र पहने और त्याग दिये—वृक्ष कई बार मस्ती में झूमे, परंतु पतझड़ के कोप में मौन हो गए। मेघ गरजे, चपला दमकी—पानी बरसा और इसी मुक्त प्रवाह में दस लंबे वर्ष व्यतीत हो गए।

रूप, यौवन, आकर्षण, सुंदरता, चपलता और मादकता सब चले गये। समय का एक गहरा प्रहार मृणाल पर भी पड़ा। यौवन बूढ़ा हो गया और उसके शरीर का मूल्य कम पड़ने लगा अंततः कारोबार बंद हो गया—विशाल भवन अब सूना रहने लगा, दासियाँ एक-एक करके उसे छोड़ गईं—इतने विशाल भवन में वह अकेली रह गई—वहाँ था तो वही मित्र जो सदैव बुढ़ापे का साथ देता है। रोग—मृणाल को संक्रामक रोग ने घेर लिया था। उसका आधा शरीर निष्प्राण-सा हो गया; चलना तक दुष्कर हो गया, पलंग से उठती, परंतु पाँव साथ न देते और वह पुनः गिर पड़ती, समय ऐसा बदला कि अब लोग उसकी छाया से भी दूर भागने लगे। रोग ही कुछ ऐसा था एकांत में पड़ी मृणाल अपने सुनहरे अतीत को स्मरण करती, मन भर उठता, वह रो देती, परंतु?

एक सांत्वना अब भी शेष थी, जो कुछ शरीर का था, शरीर के साथ चला गया, परंतु शरीर से परे जो आत्मा का उजला स्रोत है, वह—मृणाल चीख उठती। वासना का मूल्य क्या इतना कटु होता है।

अब उसे पता चला कि रूप के पुजारी रूप के साथ चले गये हैं। क्या मृणाल...?

समय की गति आचार्य को एक बार पुनः उसी घाट पर ले आयी। पता चला मृणाल दो वर्ष से रोग से ग्रस्त है। उसके समीप कोई नहीं जाता। आचार्य तड़प उठे—दिल दुःखी हो गया—और वे किसी से बिना कुछ कहे सुने मृणाल के भवन की ओर चल पड़े। चेतन ने चाहा कि आचार्यों के चरणों में संदेहसिक्त बेड़ियाँ डाल दें, परंतु निष्फल। आचार्य तो निर्भय थे, फिर रोग कैसा?

आचार्य सीढ़ियों पर से होते हुए विशाल कक्ष में आ गये। आज यह कक्ष सूना बिल्कुल सूना था। किसी समय इस भवन में आचार्य पर पुष्प वर्षा की गई थी, दासियाँ उन्मत्त तितलियों की भाँति उसके...?

परंतु उस दिन वहाँ कोई नहीं था। आचार्य के होठों पर एक धीमी मुस्कान खेल गई।

वह मृणाल के कक्ष तक पहुँच चुके थे। देखा सामने शैया पर मृणाल अचेत पड़ी है, शरीर का आधा भाग भूमि तक लटक रहा था।

"मृणाल," आचार्य उद्विग्न हो उठे।

"यह क्या हो गया है तुम्हें?"

समीप आकर आचार्य ने उसे ठीक से लिटाया, और उसके मस्तक पर सहज स्पर्श...।

"मृणाल, नेत्र खोलो...मैं आ गया हूँ।"

"तुम्हारा भास्कर, तुम्हारा आचार्य नेत्र खोलो मृणाल।" आचार्य ने मृणाल को धीरे से हिलाया। परंतु मृणाल तो अचेत थी—देखने-सुनने में असमर्थ।

परंतु आचार्य निराश नहीं हुए। नेत्र मूँदकर उन्होंने नमन किया, मन में विश्वास था—और—

तीन दिन और तीन रातें व्यतीत हो गईं। आचार्य उसी प्रकार बैठे रहे। योग सफल हुआ, मृणाल के निष्प्राण शरीर में रक्त का प्रवाह पुनः तेज़ होने लगा। शुष्क अंग एक बार फिर अपनी धड़कन का परिचय पा गये। परंतु कैसे? मृणाल ने नेत्र खोले और स्वयं को आचार्य के अंक में पाया—

"आचार्य?" वह आश्चर्यचकित हो उठी, भास्कर तो अब भी उसी प्रकार समाधि लगाये बैठा था। मृणाल ने उन्हें कंधे से पकड़कर हिला दिया—

"देवता, नेत्र खोलिये—योग, अग्नि से मेरा रोग भस्म हो चुका है।"

सहसा एक आलोक किरण कौंध गई और आचार्य ने नेत्र खोल दिये।

मृणाल की ओर विश्वस्त नेत्रों से देखकर उन्होंने कहा, "देवि! अमर भिक्षु को नमस्कार करो, तुम्हें नव-जीवन प्राप्त हुआ है।"

"यह तो आपके आशीर्वाद का फल है, स्वामी।"

मृणाल ने आचार्य की ओर देखकर मस्तक झुका लिया, तनिक सोचकर कहा, "आपने यह सब क्यों किया? अब तो मेरे पास कुछ भी शेष नहीं रहा। 'न रंग, न रूप इस कंकाल को जीवन देकर आपने...।"

आचार्य ने गहरी साँस ली, मृणाल के कंधे पर हाथ रखते हुए कहा, "मुझे जो चाहिए था मिल गया। चिरकाल से मन की एक साध थी कि निर्वाण से पूर्व यह शरीर तुम्हारे कुछ काम आ सके, सो आज वह संकल्प भी पूरा हो गया, मृणाल! अब मैं तुम्हारे प्रेम से भी मुक्त हो गया हूँ।"

"आचार्य नहीं," मृणाल ने चीख मार कर कहा।

"कुछ मत सोचो, केवल अमर भिक्षु के मार्ग पर चलती रहो, संसार में जो भी रोगी है, जो दुःखी है, उसे अपने आँचल में लपेट लो, जहाँ भी कोई आँसू गिरता है वहीं अपने ओठ रख दो—" पुनः एक गहरा श्वास भरकर आचार्य ने कहा, "मृणाल मैंने तुम्हें प्रेम किया है, परंतु अपनी माँ को कभी तुमसे दूर नहीं समझा।" वे उठते हुए पुनः बोले, "मैं

जा रहा हूँ मृणाल। कह नहीं सकता कब लौटना हो, जब कभी मेरी आवश्यकता पड़े, स्थिर मन से स्मरण करना, मैं सब बंधन तोड़कर तुम्हारे–"

"देवता।" मृणाल चीख उठी, दहाड़ मार कर आचार्य के चरणों पर गिर पड़ी।

"मुझे छोड़कर मत जाइये, प्रभो। अब मृणाल आप के बिना एक पल भी नहीं रह सकती। मुझे इन चरणों की छाया में ही...।"

"नहीं, मृणाल," भास्कर ने उसके मस्तक पर हाथ रखकर कहा–

"मुझे कल्याण मार्ग पर जाने दो, तुम्हें मार्ग बतला दिया है–यत्न करो, अपने दुःख से परे दूसरों के दुःख को अनुभव कर सको। इसे अपना सको।

–इस नाशवान शरीर में बंदी भास्कर को रोक कर तुम क्या करोगी?

–पाना है तो उस भास्कर को पाओ जो अमर है, अनन्त है और स्थान सीमा से परे है सुनो मृणाल।

–सूर्य की प्रत्येक किरण मेरा ही सन्देश लेकर तुम तक पहुँचेगी; वायु चलेगी–साँय-साँय की ध्वनि में मेरा ही स्वर गुंजरित करेगी।

–नेत्रों के मार्ग–जल बनकर मैं ही तुम्हारे कपोल पर आऊँगा, काजल की लाट में, दर्पण की छाया में, प्रत्येक रंग में तुम भास्कर को ही पाओगी–"

आचार्य रुके कुछ सोचकर बोले–

"देवि! उन्मुक्त आचार्य मैं तुम्हारे पास छोड़े जाता हूँ, फिर शरीरबद्ध आचार्य का क्या करोगी?

यह शरीर तो नश्वर है इसे जाने दो–लाखों जीवों के लिए–तुम्हारे जैसी कोई दूसरी मृणाल अब भी मेरी प्रतीक्षा कर रही है।

'धर्मम् शरणं गच्छामि'

'धर्मम् शरणं नमामि।' "

उच्चारण करते हुए आचार्य वहाँ से चले गए, मृणाल को झटका-सा लगा, देखा–आचार्य नंगे पाँव लौट रहे थे, उनकी पादुकाएँ?

मृणाल के नेत्र छलक पड़े, छिटके जल कणों से भास्कर अब भी मुस्करा रहे थे।

कैसी आलोकपूर्ण थी यह मुस्कान? मृणाल को लगा मन की समस्त छलना उन पुनीत आँसुओं में घुलकर निखर गई है। पंख टूट चुके थे, किन्तु पंछी अब भी उन्मुक्त उड़ान भर रहा था। परंतु मन की सिसक? उसने आह भरकर अपने होठ आचार्य के लौटते चरणों पर रख दिये; आँसू टपके, प्राणी मात्र के प्रति उसकी संवेदना जाग उठी, दूर कहीं दिव्य सेतु चमक रहे थे।

प्रेम और बलिदान

"हमारी बात तक नहीं सुनेंगे?" एक धीमा स्वर उद्यान की निस्तब्धता को विच्छिन्न करता हुआ दूर निकल गया। अजय के बढ़ते हुए पाँव रुक गये। उसने मस्तक उठाकर देखा। वृक्ष के नीचे नेत्र झुकाये, अन्य मनस्क भाव से कंचन खड़ी थी। ओठ कुछ कह रहे थे। अजय मुस्करा उठा। कंचन की ओर मुड़ता हुआ बोला।

"क्षमा कीजिए, मुझे थप्पड़ खाने की आदत नहीं है।"

और अजय का हाथ सहसा ही अपने मुख पर आ पड़ा। कंचन को ऐसा लगा किसी ने पुराने घाव को नश्तर से छेड़ दिया हो। उसकी साँस फूल गयी। ओठ तर थे। भूमि की ओर देखती हुई बोली–

"क्षमा नहीं करेंगे, भूल हो गई, जल्दी से आपको पहचान न सकी, मुझे नहीं पता था आप इतनी दूर...."

और वह रो पड़ी। नेत्रों की छलछलाहट शारदीय कपोलों पर उमड़ पड़ी।

"अरे अरे," अजय ने कंचन के झुके मस्तक को ऊपर उठाते हुए कहा।

"आप तो सचमुच रोने लगीं। मैं तो मजाक कर रहा था। छीः-छीः ऐसा भी क्या। राजपूत कन्या का हृदय इतना छोटा नहीं होना चाहिए। रोना तो मुझे चाहिए। भूल तो मेरी थी। बिना सूचना दिये राजकीय सरोवर में चला आया, खैर..."

अजय ने उन अतृप्त नेत्रों में कुछ खोजते हुए, फिर कहा, "पश्चात्ताप हो ही जाएगा..."

ऐसा लगा रंक को कुबेर से सब कुछ मिल गया हो। कंचन नेत्रों को अजय के उन्नत ललाट पर स्थिर करती हुई ओठों को अनजाने में फैलाकर, धीरे से बोली।

"अब तो चित्तौड़ सूना नहीं लगेगा...।"

अजय ठहाका मारकर हँस पड़ा।

"सुना करते थे बड़े-बड़े योद्धा स्त्रियों से हार जाते थे, आज प्रत्यक्ष देख रहा हूँ। अब तो भाभी के पास जाना ही पड़ेगा, वह भी घुटनों के बल..." और वह फिर हँसने लगा। इसी हँसी में कंचन की मीठी हँसी ने भी रस घोल दिया। कहने लगी; "इतने व्यस्त हैं?"

"व्यस्त," अजय ने मुड़ते हुए कहा, और फिर कंचन के मुख पर गिर रही बालों की लट को, जो वायु के तेज़ झोंके से, उसके चन्द्रमुख पर दरार-सी बना रही थी, ठीक

करता हुआ मुस्कराया।

"व्यस्त तो आप हैं।" और उनके नेत्र एक बार फिर आपस में उलझ गये। कंचन उन तीक्ष्ण नेत्रों में झाँक न सकी। पलकें झुक गईं। वह न चाहती हुई भी दूर हटना चाहती थी। अजय से रहा न गया। उसने कंचन के सुलझे बालों को फिर उलझा दिया। ऐसा लगा, घटाओं ने एक साथ पूर्ण चन्द्र को अंक में भर लिया, और अजय...

"चिन्ता मत करना, शीघ्र लौट आऊँगा।" कहता हुआ वह राजमार्ग की ओर चल दिया।

पहली भेंट और अब की भेंट में कितना अंतर पड़ चुका था। अजय कल्पना भी नहीं कर सकता था कि वे दोनों इतने समीप हो सकेंगे। कोई अनजाने में ही अपने मन मंदिर के द्वार उसके लिए खोल देगी, वह आशा नहीं रखता था। फिर वह ठहरा दिल्ली पति अकबर का सेनानी और कंचन चित्तौड़ के दीवान वासु की कन्या। मेल कैसे संभव हो सकता था? भविष्य अपने अंतराल में उसके लिए इतना मुग्धकारी वर्तमान लिए है, यह उसकी समझ से बाहर था। फिर कंचन उससे नाराज़ भी तो थी। वह बिना सूचना दिये ही राजकीय सरोवर तक चला आया था। उस दिन जो बातें हुईं, वह उन्हें अब भी नहीं भूला था। अंतर बहुत था। मेघ गर्जन और वसंत की धीमी फुहार, बरसाती नाले की गहर-गहर और सरिता की कल-कल-वृक्षों की साँय-साँय और कोमल पात की मरमर, कितना अंतर था। वह मुस्कराया। सामने से किसी ने उसे पुकारा। चित्तौड़ सम्राज्ञी राणा उदय सिंह की पत्नी कुछ दासियों के संग अजय की ओर आ रही थी—

"महामहिषी।" अजय ने प्रणाम करते हुए पुनः कहा।

"आप और यहाँ?" महारानी के नेत्र स्नेह के कारण विस्फारित थे। वह अजय के कंधे पर हाथ रखती हुई बोली।

"मुझे नहीं पता था अकबर की नौकरी करते-करते तुम मुझे भी भूल जाओगे।"

"महामाया," अजय को दुःख हुआ।

"ऐसा न कहिये, यह दास।"

महारानी ने बात काटते हुए कहा।

"बस-बस रहने दो। सफाई देने की आवश्यकता नहीं है। तुम्हारे हृदय में मेरे लिए थोड़ी-सी जगह भी होती तो आज इस प्रकार संबोधन न होता।"

"माँ" अजय अपनी भाभी के चरणों पर गिर पड़ा।

"क्षमा कर दो मेरी अच्छी माँ, अब ऐसा नहीं होगा।"

महारानी का हृदय द्रवित हो उठा। पाषाण मानो मोम बनने चला हो। रानी ने उसे उठाते हुए कहा, "राजमहल चलो लाला, तुम्हारे भैया तुम्हें बुला रहे हैं।"

"भैया," अजय की नसें तन गईं।

"नहीं भाभी, मैं वहाँ नहीं जाऊँगा। अब मेरा वहाँ क्या है। भैया ठहरे राजा, मैं दिल्लीपति का दास।"

रानी ने अजय के कंधे पर हाथ रखते हुए कहा, "अजय, तुम चार वर्ष बाद तो आये हो, फिर भी खड्ग की धार बन कर। जान पड़ता है भैया से लड़ने आये हो।"

"लड़ाई," अजय का मुख तमतमा उठा।

"कैसी लड़ाई। मेरा और भैया का संग्राम कैसा। वे ठहरे चित्तौड़ सम्राट और मैं... ।"

"जाने दो लाला... ।" महारानी ने उद्यान बनी संगमरमर की शिला पर बैठते हुए कहा।

"जान पड़ता है आखेट वाली घटना का रोष अभी तक दूर नहीं हुआ।"

"हो सकता भी नहीं।" अजय ने तुनककर कहा।

"यदि भैया मुझे अपना समझते तो छोटी-सी भूल के लिए कारावास न भेजते। विमाता का पुत्र जो ठहरा। देखना भाभी मैं भी राजपूत का बेटा हूँ। मेरी नसों में भी महायोद्धा, पितामह बापा रावल का खून है, मैं... ।"

"बस-बस", महारानी ने स्नेही स्पर्श से उसे अपने निकट बैठने का संकेत किया।

"मैं तुम्हारा भाषण सुनने नहीं आयी। तुम्हें शिकायत होगी भैया से, मैं तो तुम्हारी माँ हूँ, क्या मेरी बात भी नहीं मानोगे, राजमहल चलो।"

"नहीं, अम्बे," अजय ने मुख मोड़ते हुए कहा।

"ऐसा नहीं हो सकता... ।"

"अच्छा।" महारानी ने चुटकी लेकर कहा।

"कंचन को आ जाने दो, फिर देखती हूँ तुम मेरी बात कैसे टालते हो। आज ही काका वासु से मिलने जाती हूँ।"

"भाभी।" अजय महारानी के प्रेम की अवहेलना न कर सका।

"तुम कितनी अच्छी..."

महारानी दूर हटती हुई बोली।

"पहले तुम्हारा विवाह हो जाने दो, फिर देखूँगी... ।"

और चित्तौड़ मुस्करा उठा। कंचन का विवाह अजय से संपन्न हो गया। सभी यही समझते थे कि विवाह समारोह में उदय सिंह और अजय अपने पुराने वैमनस्य को भूल जाएँगे, पुनः एक हो सकेंगे। परंतु नहीं, शीशे का बाल लाख यत्न करने पर भी दूर न हो सका। समय पलक मार गया। फिर एक दिन ऐसा आया कि चित्तौड़ में हाहाकार मच गया। मुगल विजेता मारोमार करता हुआ चित्तौड़ की ओर आ रहा था। इससे पूर्व पंजाब, आगरा, मथुरा, गोंडवाना और मालवा पर वह विजय प्राप्त कर चुका था। राजपूत रियासतें एक-एक करके नतमस्तक हो रही थी। गोंडवंशी रानी दुर्गावती और उसका पुत्र नारायण, एक साथ मुगल सेना के शिकार हो गये। बाज बहादुर, राणा साहिब आदि देश भक्तों के रक्त से राजपूताना लाल हो रहा था। परंतु अकबर रुकने का नाम नहीं जानता था। दिसंबर 1567 का दिन चित्तौड़ के लिए महासमर का दिन था। अकबर का सिंहनाद

वहाँ भी सुना गया। राणा उदय सिंह मुगल सम्राट से टकरा गये। हर-हर महादेव तथा 'अल्लाह-हू-अकबर' के नारों से चित्तौड़ का कोना-कोना प्रतिध्वनित हो उठा, राजपूत सैनिक और मुगल सिपाही एक-दूसरे पर टूट पड़े; रक्त के फुहार छूटने लगे। तोपों की गड़गड़ाहट से धरती-आकाश फटने लगा। भीषण कांड था। प्रलयंकारी शिव साक्षात् नृत्य में लीन थे। जटाओं की लहरें मृत्यु का संदेश थीं। ऐसे समय अजय सिंह अपने कक्ष में चुपचाप लेटा, शांत भाव से छत की ओर देख रहा था। उसी समय कंचन ने प्रवेश किया। उसकी साँस उखड़ रही थी। रक्त की बूँदों से उसके वस्त्र तर थे। वह हाँफती हुई बोली।

"स्वामी आपने कुछ सुना। पिताजी भी..." और वह रो पड़ी। परंतु वह राजपूत कन्या थी। शीघ्र ही स्वयं को सँभालती हुई अजय के पास पहुँची, और उसे झंझोड़ती हुई बोली—

"आपने सुना, दुर्ग का द्वार टूट रहा है। महानायक जैमल का साहस दम तोड़ रहा है। देवता! अब तो हठ छोड़ दीजिए महारानी, राणा उदय सिंह और नन्हा कुँवर अमर सिंह सभी संकट में हैं। आप ही उनको बचा सकते हैं।"

"मैं उनकी रक्षा क्यूँ करूँ?" अजय सिंह उठता हुआ बोला।

"भैया ने मेरे लिए क्या किया है। जानती तो हो, मैं अकबर का नौकर हूँ। यही क्या कम है कि मेरी खड्ग अपने ही भाइयों पर नहीं उठी।"

कंचन का रक्त खौल उठा। दाँत पीसती हुई बोली।

"ओह, मुझे नहीं पता था आपका खून इतना सफेद हो गया है। मातृभूमि के लिए आपके ऐसे हीन भाव हैं। आपको पति कहते हुए मुझे ग्लानि हो रही है। मैं भी राजपूत कन्या हूँ। अभी मुझमें साहस है। मैं भी कुछ कर सकती हूँ।"

और वह अपने कंगन अजय के सामने पटकती हुई बोली, "यह लीजिए, अब ये आपको शोभा देंगे, कभी मेरी जरूरत पड़े तो समर भूमि में कोई मृत..."

और वह जाने लगी। अजय सचेत हो उठा। वह नहीं जानता था कि उसे अपनी जीवनसंगिनी से ऐसा तिरस्कार भी सहन करना पड़ेगा। इतनी बड़ी कीमत! क्या वह कंचन के बिना रह सकता है। "नहीं," उसके भीतर किसी ने कहा। मरना है तो मातृभूमि पर...। किंतु मेरा प्रेम? "प्रेम बलिदान चाहता है।" उसके मन ने उसे उत्तर दिया।

वह समझ गया। कल्याणकारी विधाता अपनी भुजाएँ फैला उसे अपने में समेटना चाहते थे। वह कंचन को रोकता हुआ बोला।

"ठहरो देवि, अभी मैं जीवित हूँ। तुम्हारे साहस ने मेरी आँखों पर पड़े विभेद को धो दिया है। मुझे प्रायश्चित्त करना है। तुम्हारा स्थान रणभूमि नहीं, जौहर की धधकती ज्वाला है, जीवित रहा तो अवश्य मिलूँगा। मुझे भूल नहीं जाना। माँ भवानी तुम्हारी रक्षा करेंगी। जय भवानी।"

और अजय तलवार खींच, आँखों में अंगारे लिये राजमहल की ओर लपक पड़ा। भाई के लिए भाई का उमड़ता प्रेम देख कंचन के नेत्र बरसने लगे। वह नहीं जानती थी उसका पति इतना महान है। उसका मस्तक गर्व से गगन छू गया।

और अजय मारोमार करता हुआ महल तक पहुँच गया। उदय सिंह चिंतित मुद्रा में इधर-उधर घूम रहे थे। बाहर घमासान युद्ध हो रहा था। अजय जाते ही अपने भैया के पैरों पर गिर पड़ा।

"देवता! आपका दास आ गया है। आ गया मेरे प्रभु! मुझे क्षमा कर दीजिए।" और अजय फूट-फूटकर रो पड़ा।

"अजय," उदय सिंह ने अपने भाई को कंठ से लगा लिया। वर्षों का दमित स्नेह ठाठें मारने लगा। दोनों ही रो पड़े। इन आँसुओं में वर्षों की शत्रुता धुल गई। उदय सिंह ने अजय के कंधे पर थपकी देते हुए कहा।

"अब मैं नहीं हारूँगा। अजय ऐसा लगता है मेरे बाजुओं में फिर से नयी ताकत आ गई है। विजय हमारी होगी।"

अजय ने आँसू पोंछते हुए कहा, "समय बातें करने का नहीं है। आप भाभी और नन्हे कुँवर को लेकर अर्वली पर्वत चले जाइए, सब ठीक हो जाएगा।"

राजा अजय को छोड़कर नहीं जाना चाहते थे। परंतु विवश थे। अजय के अनुरोध की अवहेलना नहीं कर सकते थे। अपने विश्वस्त पात्रों सहित राजा ने महल छोड़ दिया। अजय सिंह, महानायक जैमल तथा अन्य राजपूत मातृ-भूमि पर बलिदान हो गये। कंचन भी अपने पति के साथ वीरगति को प्राप्त हुई। उसका प्रेम अमर हो गया। प्रकाश, प्रकाश में समा गया। और विजेता अकबर के लिए चित्तौड़ के द्वार खोल दिये गये। लाशों के ढेर देखकर सम्राट सिहर उठा। राजपूतों की वीरता देखकर उसका दिल दहल गया। दीर्घ श्वास भरकर मानसिंह से बोला।

"मानसिंह, मुझे नहीं पता था कि चित्तौड़ फतेह की इतनी बड़ी कीमत देनी होगी। परवरदिगार क्या कहेंगे? तारीखे मुगला क्या लिखेगी? राजपूतों के इस खून की कीमत कब और कैसे...? या अल्लाह...।"

और अकबर की आँखें डबडबा आईं। आंसुओं की दो मोटी-मोटी बूँदें शहनशाहे अकबर की आँखों से गिरीं और चित्तौड़ की पुनीत धरती में समा गईं। एक हारा हुआ सम्राट इससे अधिक कर भी क्या सकता था। दूर गगन की छाँहों में कंचन और अजय की पुण्य आत्माएँ मंगल गीत गा रही थीं। मातृभूमि पर मर-मिटने वालों का कैसा भव्य अभिनंदन था यह।

केतु

पर्वतीय प्रदेश, पाठशाला से घर की ओर लौटते, छोटी बस्ती के नन्हे बालक अनायास ही देवालय के अवशेषों के पास रुक जाया करते थे। खँडहरों से झाँकती भगवान त्रिलोचन की खंडित प्रतिमा—जाने नन्हे हाथ अनायास ही पुष्प वर्षा में क्यों लीन हो जाते? शायद अज्ञात विश्वास में बाँधे, परीक्षा में उत्तीर्ण होने की कामना से अभिमोहित या फिर—

टीले पर स्थित खंडित देवालय नन्हे शिशुओं की किलकारियों से रसमग्न हो उठता। सभी बालक झूम-झूम इधर से उधर, उधर से इधर छलाँगें लगाते देव प्रतिमा का अभिषेक करते, गाते, झूमते और खुश होते...., लेकिन वह? वह सबसे अलग सबसे दूर—पहाड़ी मार्ग के किनारे बड़े पत्थर से सटा, कुरूप, कुबड़ा बालक इस अभिनंदन को टुकुर-टुकुर निहारा करता—खिन्न मन आँखों में आँसू भर आते। कैसा असमर्थ है वह, अपने भगवान तक भी नहीं पहुँच सकता, सूखी टाँग और सूखा बाजू, उसका उत्साह और आत्म-विश्वास उसे बार-बार छल जाते। नीचे को झुकती कुबड़ी पीठ...बैसाखी का सहारा पाकर भी तो वह बिल्कुल सीधा नहीं हो पाता था, ऐसे में देव प्रतिमा का अभिषेक। एक बार नहीं कई बार उसने अकेले में टीले पर चढ़ने का प्रयत्न किया था। परंतु आँखों में ललक लिए वह पुनः अपनी दिनचर्या में लौट जाता, उस संसार में जहाँ उसके लिए न कोई जगह थी न स्वागत! कार्तिक अमावस को जन्मा वह कुरूप-कलूटा सारी बस्ती के धिक्कार और घृणा का पात्र था। जन्म से पहले माँ-बाप को ढेर-सी आशाएँ थीं, आने वाला अतिथि साक्षात् काम का ही अवतार होगा—सुंदर, सुनयन और...उसी अमावस की रात को बस्ती पर कहर टूटा। आसमान से गाज गिरी, पर्वत खंड-खंड होने लगे। पहाड़ी नदी-नाले अपनी मर्यादा तोड़ बस्ती को भी साथ ले चले। करुणामयी ने शायद अपने स्वरूप को फिर पहचाना, बादलों से परे एक संकेत हुआ, सब कुछ पूर्ववत् शांत, स्थिर और मौन—लेकिन प्रलयी पलकों से जीवन की अंतिम साँसें गिनती वह बस्ती...

चारों ओर एक हुंकार उठी—"यह सब इसी कुरूप-कुबड़े के कारण हुआ है, प्रलय इसी मनहूस की छाया है।"

“भाग्यहीन ने जन्म लेते ही अपने बाप को निगल लिया, साथ ही आधी बस्ती को श्मशान कर दिया–”

“यह कार्तिक नहीं–हमारे लिए केतु है।”

“हाँ-हाँ-हाँ यह केतु है।”

और फिर उसके कुरूप चेहरे से प्रमाण रूप में सदा के लिए आ जुड़ा, एक अनचाहा, अनचीन्हा-अपरिचित नाम–‘केतु!’

पिता नहीं रहे, ममतामयी माँ ने उसे ही भगवान का वरदान समझा। कलमुँहा है तो क्या हुआ, वही उसके लिए काम है। वह सात पर्दों में छिपाकर रखेगी अपने लाल को, संसार की हवा तक लगने नहीं देगी। परंतु नहीं, ऐसा कदाचित ही हो पाता। जब कोई आस-पड़ोस उसे कलमुँहा केतु कह देता–ममता दोटूक हो दीवार से आ सटती–टप टप आँसू! नन्हा केतु माँ की पलकों में आँसू देख, सिसक उठता। फिर गंगा-जमना एक साथ; माँ बेटे के आँसू और ममतामयी माँ पुनः आँचल सँवार लेती। केतु को अपनी सहमी कोख में छिपा, आकाश की ओर देखकर कहती–

“भगवान, यह जैसा भी है बस, मेरे पास बना रहे–मुझे और कुछ नहीं चाहिए।”

यूँ ही दिन आते-जाते दस वर्ष व्यतीत हो गए। भविष्य की मंगलकामना करती, ममतामयी माँ घर-घर चौका-बर्तन सँवारती, एक आशा, एक विश्वास–कार्तिक एक दिन बड़ा होगा और माँ के सब दुःख संताप हर लेगा, भावना में भाव की छलना, ममता में माया प्रदीप, मरुस्थल में शीतल स्रोत की कल्पना। धुएँ के समीप बर्तन समेटती बुढ़िया को खाँसी का ऐसा दौरा पड़ा कि वह सदा के लिए खटिया से आ जुड़ी। शून्य आँखों का नेह अंतर्मन को कचोट-कचोट जाता, घर में तो पहले ही कुछ नहीं था, फिर कार्तिक का क्या होगा? कौन उसे....धीरे-धीरे घर का सब छोटा-मोटा सामान लंबी बीमारी ने निगल लिया, और...और कार्तिक अमावस की फिर वैसी ही एक भयंकर रात।

आकाश रह-रहकर गरज रहा था। प्रलयी बिजली-तूफान और तेज बारिश संग बड़े-बड़े ओले। छोटी बस्ती में एक बार पुनः उथल-पुथल! सब ओर हाहाकार जाने इस बस्ती का क्या होगा?

“इतना कहर।”

“अरे दूर बरसाती नाले का बाँध टूट रहा है–अपने-अपने घर सँभालो।”

कोई किसी की नहीं सुनता, ऐसी ही विपदा में कार्तिक की माँ को फिर दौरा पड़ा। साँस उखड़ गई, बाहर मेघ गर्जन हुआ और भीतर चारपाई पर एक कृशकाय शरीर दूर पर्वतों पर शैलखंड टूटे; इधर नन्हे कार्तिक की साँसों में–नहीं, एक हृदय विदारक चीख तूफानी रात में दम तोड़ गई। कार्तिक दहाड़ मार कर बस्ती के बूढ़े हकीम के चरणों पर गिर पड़ा।

“बाबा, मेरी माँ को बचा लो–बचा लो बाबा–मेरा और कोई नहीं है।”

तेज़ बारिश से स्वयं को एक ओर सुरक्षित करते हुए हकीम ने कहा।

"राम-राम कहो बेटे। ऐसी भयंकर रात में जानते हो जिस दिन तुम इस धरती पर... ।"

सहसा आकाश से चपला गिरी। असंख्य वृक्ष जड़ से उखड़ धराशायी हो गए। हकीम की सहमी आवाज़ फूटी।

"भगवान से प्रार्थना करो, बेटे, ऐसे कहर से तो परमात्मा ही हमें बचायेंगे।"

और हकीम का द्वार बंद हो गया। कार्तिक ने जल भरी आँखों से आकाश में उमड़ते जल प्रवाह की ओर देखा..."भगवान! यह तेरी कैसी लीला है।" सहसा एक रजत रेखा उसकी धुँधली दृष्टि को छू गयी। टीले पर स्थित भगवान शंकर—"हाँ, वहीं जाना होगा; वहीं त्रिलोचन के पास।"

तूफानी भयंकर रात में बरसाती नदी पार करके कार्तिक उसी टीले तक चला आया जहाँ से वह रोज़ भगवान के बस दर्शन ही कर पाता था। परंतु आज? साँय-साँय करती शीत लहर, गठरीनुमा शरीर सिहर उठा। अविरल गिरती बारिश और पत्थरों पर फिसलते उसके अस्थिर पाँव...कैसी विडंबना है; कार्तिक ने आह-सी भरी। टीले पर चढ़ने की लालसा... आकाश की एक प्रचण्ड प्रभा पुंज शंकर के मुख को प्रकाशमान कर गयी। कार्तिक की निराश आँखों में आशा की किरण कौंध गयी। बड़े टीले से छूकर नीचे गिरती एक लतिका, कार्तिक ने बैसाखी दूर पटक दी।

"भगवान, आज मैं तेरा अभिषेक जरूर करूँगा। अपनी माँ के लिए...अपनी माँ को जीवन दान—"

कार्तिक ने जैसे ही टीले से नीचे झुकी लतिका का स्पर्श किया, एक महा विस्फोट; विद्युत संचार की टूटी तार कार्तिक के शरीर का संस्पर्श पा एक भयंकर अग्निमय चुम्बक में परिवर्तित हो गई। नन्हे शिशु के मुख से एक सहमा चीत्कार...चीखते बिलखते कण्ठ का रुदन...चिथड़े-चिथड़े होकर शंकर के चरणों में गिरता उसका कुरूप-विकराल शरीर...सब कुछ एक ही क्षण में, एक ही पल में, अंधकारमयी रात्रि में पवन चाक पर घूमती बारिश की अंतिम हुंकार सब एक साथ शंकर की प्रतिमा सहित आकाश की ओर उछल पड़े। चतुर्दिक एक महा प्रलय; तांडव नृत्य करती-सी भूमि...कार्तिक को टुकड़े-टुकड़े भवन, ऊँचा टीला सब कुछ देखते ही देखते भस्मीभूत हो गया। दिन पर दिन बीते, प्रकृति पुनः शांत हुई—दूर कंदराओं ने बड़े इंजीनियर के शब्दों का निनाद सुना; अधिकारी अपने सहयोगियों से कह रहे थे—

"यह महा प्रलय देखकर हैरानी होती है। हम पिछले दस वर्षों से टीले को गंधकमय विस्फोट से उड़ाकर यहाँ 'डैम' बनाने का प्रयास करते आ रहे हैं, किंतु असफल, पता नहीं यह विस्फोट कैसे हुआ—जाने कितना शक्तिमान वह। अग्निमय लौह पिंड होगा जिसने इस टीले को..."

पुनः वे आकाश की ओर देख दीर्घश्वास भरकर बोले, "भगवान त्रिलोचन की लीला अपरंपार है।" और फिर देखते ही देखते नव-निर्माण शुरू हुआ, उसी स्थल पर

एक विशालकाय डैम बना, पर्वतीय प्रदेश को नया रूप मिला; नए गाँव, नयी बस्ती। चारों ओर उल्लास आनंद। देवालय फिर से निर्मित हुआ। भगवान त्रिलोचन को पुनः उसका आसन प्राप्त हुआ। मंदिर सजा, दीप जले–सब कुछ पूर्ववत् चलने लगा–किंतु भगवान और उसके भक्तों को नवजीवन देने वाले उस कुबड़े बालक को किसी ने कभी स्मरण नहीं किया।

भावना का मूल्य

शमशेर को अपने कुत्ते से बहुत प्रेम था। वह उसे एक पल के लिए भी कभी आँखों से दूर नहीं करता था। दिन-रात पास रखता और घर में जो भी अच्छी चीज़ बनती पहले उसे लाकर देता और फिर आप खाता था। उसका नाम भी शमशेर ने अपनी मर्जी का रखा हुआ था। अन्य तो सभी उसे जानवर ही समझते थे, और कुत्ता ही कहते थे। परंतु शमशेर उसे गजानन कहकर पुकारा करता था। शमशेर का विवाह नहीं हुआ था। जाने किस कारण उसने अपने को अटूट बंधन में बँधवाया। पहले तो उसके लिए जीवन-यापन एक समस्या बनी हुई थी, परंतु जब से गजानन उसको मिला था, शमशेर का जीवन बदल गया था। चालीस वर्ष का बूढ़ा अपने को फिर से युवा पाने लगा। जब भी कभी वह गजानन को देखता उसकी बांछें खिल उठती थीं। कोई अपने पुत्र को भी इस कदर प्रेम नहीं करता होगा। गजानन तो शमशेर के रोम-रोम में समा गया था।

जब शमशेर ने गजानन को पाला था उस समय वह कठिनाई से दस दिन का होगा। माँ का प्यार देकर शमशेर ने उस मूक पशु को तरुण किया था। उसके लिए नये कपड़े, नया बिस्तरा और यहाँ तक कि एक ओर छोटा-सा कमरा भी बनवा दिया था। जिसमें वह सिवाय गजानन के और किसी को नहीं जाने देता था। जाने शमशेर अपना सब कुछ गजानन पर ही क्यों लगा देना चाहता था। उसने कहीं से सुन रखा था कि कुत्ते भी पढ़ाये जा सकते हैं। बस फिर क्या था, शमशेर के सिर पर भूत सवार हो गया। उसने शहर से एक फ्रेंच प्रोफेसर को गाँव में बुलवा लिया। फ्रेंच ने तथा शमशेर दोनों ने मिलकर उस मूक पशु में नवीन तारें डाल दीं। दो वर्ष बाद गजानन सचमुच बदल गया। अब वह दूसरे कुत्तों की भाँति भौंकना और चूँ-चूँ करना ही नहीं जानता था, बल्कि आदमी की तरह भली-भाँति बोल भी सकता था। पहले-पहल उसे बात समझने में कुछ कठिनाई जरूर होती थी, परंतु धीरे-धीरे शमशेर का अनुकरण करने से वह स्पष्ट बोलना सीख गया था।

अब तो शमशेर का सारा प्यार उस पर उमड़ पड़ा। गजानन भी दिल से चाहता था। फिर कुत्ते का प्यार तो सर्वमान्य था। गजानन अपने जीवनदाता को कैसे भूल

सकता था। वह भी छाया बनकर शमशेर के साथ रहता था। पहले तो शमशेर को डर था, कहीं गजानन भाग न जाए। परंतु अब उसे विश्वास हो गया था कि जानवर कभी कृतघ्न नहीं होते। उसने गजानन की संगली खोल दी अब दोनों उछलते-कूदते सैर को जाया करते थे। शमशेर का दिल जब उदास हो जाता तो गजानन को गले से लगाकर सब कुछ कह देता था। गजानन उसके पाँव को चाट कर कहता—

"दादा, तुम ऐसा क्यों सोचा करते हो, मैं जो तुम्हारे साथ हूँ," वह गजानन को थपकी देता और लंबा साँस लेकर कहता—

"हाँ बेटा तुम ठीक कहते हो, पहले तो मैं भी सोचा करता था कि मेरा कोई नहीं है, परंतु अब मैं तुम्हें देखता हूँ तो मन खुशी से भर जाता है—अब मैं अकेला नहीं हूँ हम दो हैं।"

और शमशेर गजानन को गले लगा लेता। गाँव वाले जब उन्हें रास्ते में ऐसे बातें करते हुए सुनते, एकटक खड़े हो जाते। उनका प्रेमवार्तालाप सुनने के लिए कोई दिलजला कहता, "शमशेर को तो कुत्ता ही बनना चाहिए था, न जाने यह जानवर को और क्या-क्या बना दे।"

शमशेर उनकी बातें सुनकर गर्व से फूल जाता—अपनी मूँछों को ताव देकर कहता—

"क्यों बटु?"

"दादा ठीक कहते हो।" और गजानन अपनी पूँछ हिला देता—जब से गजानन बोलने लग गया था, शमशेर का आधा बोझ उतर गया था। गजानन बाजार से सौदा भी अकेले ले आता था। अब तो गाँव वालों को गजानन से कुछ लगाव होता जा रहा था। वह भी उसे चाहने लगे थे। कभी शमेशर को बाहर न देखते तो समझ जाते कि गजानन की तबीयत खराब होगी, दुकानों वाले गजानन का हाल पूछने घर पहुँच जाते थे। जिस दिन शमशेर गजानन को जरा भी सुस्त देखता तुरंत डाक्टर को बुला भेजता था। उसे अपने बीमार होने की इतनी चिंता नहीं थी। उस घटना को सभी जानते थे। गजानन के पाँव पर किसी गाय ने पाँव रख दिया था। टाँग का मांस कुछ फट गया था। शमशेर का हाल बुरा हो गया। वह तीन दिन और रातें लेकर उसे बैठा रहा। गजानन की आँखों में कृतज्ञता के आँसू उमड़ पड़े। वह अपने मालिक के हाथ चाटता हुआ बोला—

"दादा कौन होता हूँ मैं तुम्हारा इतना तो कोई सगे बेटे के लिए भी नहीं करता।"

शमशेर उसे दोनों कानों से पकड़कर गले से लगा लेता, हँसकर कहता—"तुम नहीं समझ सकते, तुम नहीं समझोगे, मेरे लाल।"

फिर एक दिन जब गजानन गाँव का चक्कर लगाकर आया था, वह बहुत हाँफ रहा था। मानो शमशेर के लिए कोई सन्देश लेकर आया हो। दादा की गोद में बैठता हुआ बोला।

"दादा अभी-अभी दो आदमी शहर-शहर कर रहे थे हम भी वहाँ चलेंगे वहाँ देखेंगे

शहर कैसा होता है।''

शमशेर उसकी बात सुनकर हँस पड़ा। गजानन को कान से पकड़ता हुआ बोला,

''अब समझा, बदमाश कहीं का। बोल तो क्या करेगा शहर जा कर, बदमाशी करनी है या नहीं लेकर चलता।''

''दादा,'' गजानन का उत्साह काफूर हो गया और वह उछलकर दूर रेत पर जा बैठा। शमशेर के कलेजे मानो तीर चल गये हों। वह गजानन को रोता हुआ नहीं देख सकता था। उसके पास बैठकर उसे थपकी देकर बोला—

''चलेंगे बेटा—चलेंगे।''

''सच दादा,'' गजानन उछल पड़ा, उसकी प्रसन्नता सीमा लाँघ गई। गजानन को पता भी न चला कि उसके कूदने से मेज पर से चीनी का बर्तन नीचे गिर पड़ा है। शमशेर ने डाँट कर कहा।

''गजानन तुम्हें अक्ल नहीं आ सकती, मूर्ख खुशी पर काबू पाना सीखो।'' गजानन ने टूटे हुए बर्तन की ओर देखा और सिर झुकाकर अंगरेजी का वाक्य बोल दिया, जो उसने बड़े यत्न से सीखा था—

''I am sorry दादा'' शमशेर उसकी भाव मुद्रा देखकर सब कुछ भूल गया और दोनों चल पड़े शहर की ओर।

शहर में दोनों ने बहुत कुछ देखा, काफी देर तक घूमते रहे। शमशेर थक-सा गया उसने कुछ खाकर शरीर हल्का करने की सोची। वे दोनों ही एक बड़े होटल में आ गये। गजानन उछल दूसरी कुर्सी पर बैठा। थोड़ी देर बाद बेरा आया। शमशेर ने उसे एक आइसक्रीम का कप लाने के लिए कहा—वेटर मुड़ने ही लगा था कि पतली आवाज उसके कानों में पड़ी—

''एक मेरे लिए भी'' वेटर हैरानी से चारों ओर देखने लगा। शमशेर हँस पड़ा और वेटर को कुछ ठंडा लाने के लिए भी कहा—वेटर फिर मुड़ने लगा तो गजानन ने भी आज्ञा दे दी—

''एक हमारे लिए भी।''

वेटर चकरा गया—उसने शमशेर से कहा, ''आपने जो कुछ कहना है, एक ही बार कह दीजिए—आवाज बदलकर क्यों कहते हैं।''

शमशेर ठहाका मारकर हँस पड़ा और गजानन की ओर संकेत करके बोला, ''उन से पूछ लो।'' वेटर ने गजानन की ओर देखा, वह पूँछ हिलाकर बोला।

''हाँ-हाँ ले आओ जो तुम्हें कहा है,'' वेटर तो मानो पथरा गया। कुत्ता और आदमी की बोली बोलता है। राम राम, वह चला गया परंतु काउंटर पर खड़ा होटल का मालिक कुछ और ही सोच रहा था। शमशेर खा-पीकर जब जाने के लिए उठा तो मालिक ने उसे रोक लिया उसके कंधे पर हाथ रखते हुए कहा—

''क्यों श्रीमान कुत्ता बेचना है?''

"क्या कहा?" शमशेर ने झटके से होटल वाले का हाथ पीछे हटा दिया। होटल का मालिक तिरछी निगाह करके बोला।

"सोच लो, पाँच हजार दे सकता हूँ।"

"पाँच हजार।" शमशेर ने त्योरी चढ़ाकर कहा, "कम हैं तो सात हजार सही।"

"लाला मैं यहाँ सौदा करने नहीं आया।" और शमशेर द्वार की ओर मुड़ने लगा मालिक ने उसे रोककर कहा–

"लक्ष्मी ठुकराकर जा रहे हो, पछताना पड़ेगा। मैं दस हजार तक दे सकता हूँ।" शमशेर लौट आया–होटल वाले के कंधे पर थपकी देता हुआ बोला–

"आप भूल रहे हैं, श्रीमान जी, कभी बेटे भी बिके हैं। गजानन मेरा दिल है इसे बेचकर मैं कहाँ रहूँगा।"

"वैसे आपका साहस सराहनीय है।" और शमशेर गजानन की ओर देखकर बोला।

"आओ बेटा चलेंगे।" गजानन उछलकर उससे भी पहले होटल से बाहर निकल आया।

उस रात शमशेर सो न सका। गजानन का मूल्य सुनकर उसे सूइयाँ चुभ गईं। लोग कितने स्वार्थी हैं। अपने मतलब के लिए औरों के प्रेम को भी तोल देते हैं। गजानन का मूल्य दस हजार तो क्या दस लाख भी कम है। क्या मैं इतना निष्ठुर हूँ जो सर्वस्व को नीलाम कर दूँगा। वह मेरा जिगर है, मेरी आत्मा है। मैं उसे कैसे दूर कर सकता हूँ। ऐसा कभी नहीं होगा। ऐसा नहीं हो सकता–इस उधेड़बुन में उसे नींद आ गई।

समय व्यतीत होते देर नहीं लगती। एक वर्ष बाद शमशेर की भतीजी का विवाह हो रहा था। वह बड़ा प्रसन्न था। अपने बड़े भाई के साथ मिलकर घर की सजावट में लगा था। बारात आयी और सारा गाँव खुशी से झूम उठा। शमशेर तो मारे उल्लास के पागल हुआ जा रहा था। उसी समय, उसे भइया ने बुलाया। शमशेर कमरे में गया आश्चर्य से नेत्र फटे रह गए। भइया के चेहरे का रंग फक हुआ था और बाल बिखर रहे थे। शमशेर को देखते ही वह बोल उठा–

"हम लुट गये शमशेर, हम लुट गये खानदान की इज्जत मिट्टी में मिल जाएगी।" शमशेर का दिल फटने लगा वह भइया के पास पहुँचकर बोला–

"कुछ कहो तो सही बात क्या है?"

"कैसे कहूँ, मुझे नहीं पता था उनका खून इतना सफेद है, लड़के वाले कहते हैं दस हजार रुपये चाहिए। नहीं तो बारात लौट जाएगी। तुम ही बताओ मैं क्या करूँ कहाँ से लाऊँ इतना रुपया–बारात लौट गई तो गाँव में मुँह दिखाने को नहीं रहेंगे।"

और शमशेर का भाई रोने लगा। "दस हजार," शमशेर को ऐसा लगा मानो किसी ने पिघला हुआ शीशा उसके कानों में डाल दिया है। वह कठिया-सा गया। उसी प्रकार, उठा, अपने कमरे में चला आया। उसके भीतर भावों की बाढ़ उमड़ रही थी। खानदान

की इज्जत उसकी अपनी थी, वह चीख उठा। किसी ने उसे भीतर से कहा।

"शमशेर, भइया का मान तुम्हारा मान है—यदि घर की रक्षा न हो सकी तो वह कुछ खा लेंगे—सब नष्ट हो जाएगा, शमशेर नष्ट हो जाएगा।"

"तो मैं क्या करूँ।" शमशेर के ओठ फड़के। किसी ने कहा—

"गजानन को बेच दो।"

"नहीं," शमशेर तड़प उठा—उसने दोनों हाथों से कान बंद कर लिए—भीतर से कोई हँसता हुआ बोला—

मूर्ख मत बनो—घर तुम्हें कुत्ते से प्यारा है? वंश का मान पुरखों की देन है। इसकी रक्षा करना तुम्हारा धर्म है—तुम गजानन को बेचोगे हाँ-हाँ बेचोगे—अपने लिए, अपने वंश के लिए, अपने भाई के लिए और वह फिर हँसने लगा। शमशेर बहक गया। रो पड़ा, परंतु आँसू घर की लुटती मर्यादा को बचा नहीं सकते थे। उसने कलेजे पर पत्थर रखा। गजानन सो रहा था। शमशेर ने उसे चूमा, प्यार किया, थपकी दी और उसके गले में मोटी जंजीर डाल दी। जब वह गजानन को लेकर बाहर आया, उसके भैया ने पूछा—

"कुछ बना, शमशेर?"

"घबराओ नहीं भैया, बारात वापस नहीं जाएगी।"

और वह गजानन को लेकर होटल पर आ गया। वही दिल जो कभी गजानन के लिए तड़प उठता था, जाने कहाँ सिमटकर बैठ गया। शमशेर मोम सा सहृदय पाषाण बन गया। दस हजार का चेक हाथ में आते ही उसने गजानन की जंजीर होटल के मालिक के हाथों में दे दी। अब गजानन को समझ आया कि उसे शहर क्यों लाया गया है। मूक जानवर का हृदय बह निकला, उसके छोटे-छोटे नेत्र आँसुओं से भर गये। अपने को होटल वाले से छुड़ा, वह शमशेर की टाँगों से लिपट गया। तड़पता हुआ बोला, "मुझे छोड़कर मत जाओ—दादा मत जाओ—मैंने तुम्हारा क्या बिगाड़ा है। मुझे बेचो मत दादा—मैं यहाँ नहीं रहूँगा।"

"गजानन," शमशेर की साँस तेज हो गई। आँखों से आँसू बहने को थे—कि वह जी कड़ा करके बोला।

"जाओ, गजानन अब तुम्हारा मेरा रिश्ता खत्म हुआ—संयोग ही इतना था—अब मैं तुम्हारा मालिक नहीं हूँ। मुझे भूल जाना गजानन—भूल जाना।"

और वह रो पड़ा। झट से आँसू पोंछकर बोला, "श्रीमान, गजानन को मैंने बेटे की तरह पाला है, इसका ध्यान रखना।"

और शमशेर गजानन की ओर देखे बिना ही गाँव को चल दिया। अबकी गजानन ने कुछ नहीं कहा। शमशेर वर्षों के संबंध को क्षण भर में तोड़ कर चल दिया, गजानन रो पड़ा—उसके आँसुओं से होटल का फर्श भीग गया। ऐसा लगा, आँसू कह रहे हों, "दादा जा तो रहे हो, पर बताते जाओ, क्या इसे ही प्रेम कहते हैं—क्या मुझे बेचने के लिए तुमने इतना पढ़ाया था—यदि मैं सचमुच तुम्हारा बेटा होता तो क्या फिर भी तुम

मुझे बेच देते—नहीं दादा, फिर तुम ऐसा नहीं कर सकते थे—हम जानवरों का जीवन ही यही है।''

गजानन के मन पर ऐसी ठेस पहुँची कि वह सदा के लिए मौन हो गया। होटल मालिक ने लाख यत्न किया कि वह बोले, परंतु गजानन का दिल टूट चुका था। वह न कुछ खाता था, न कुछ पीता था। बोलने का तो प्रश्न ही नहीं उठता। रो-रो कर कठिनाई से उसने दस दिन व्यतीत किए, दसवें दिन, उसने इतना कहा और दम तोड़ दिया।

''जहाँ भावना का कोई मूल्य नहीं है, ऐसे संसार में मैं जीना नहीं चाहता।''

संस्कारों के प्रेत

सिगरेट का धुआँ गोलाकार रूप बनाता ऊपर उठने लगा। धुएँ से बने दायरों में अनायास ही प्रो. राजीव के भाव सिमटने लगे और वह विचारों की धूमाग्नि में इतना तन्मय हो गया कि उसे आस-पास का बिल्कुल ही ध्यान न रहा। प्लेटफॉर्म से परे फैले अनंत एवं असीम विश्व से मानो उसका संपर्क न रहा हो। उसे ऐसा अनुभव होने लगा जैसे उसका स्व शून्य में विलीन हो गया हो। यह भी ध्यान नहीं रहा कि गाड़ी चलने में केवल पाँच मिनट शेष हैं और उसके साथ आगरे तक यात्रा करने वाले मित्र का कहीं पता नहीं है। सहसा उसका ध्यान टूटा, ऐसा लगा किसी पार्थिव कांटे ने उसके स्वप्निल फलक को बड़ी नृशंसता से चीर दिया हो। दृष्टि उठाकर ऊपर देखा, पतले एवं छरहरे शरीर की एक युवती उससे संबोधित थी।

"मिस्टर यह सीट?" युवती ने प्रो. राजीव का अटेची उठाकर पास वाली सीट पर रखते हुए जिज्ञासापूर्ण भाव से उसकी ओर देखा। राजीव ने उसके नेत्रों में जो देखा, बस देखता ही रह गया। रूप किरणें मानो किसी शांत सरिता किनारे अठखेलियाँ करने को तत्पर हों। धनुषाकार भावों की छाया तले घनी पलकों में सिमटी आँखें समवयस्क सखियों की भाँति हास-विलास में मग्न थीं। यह रूप, ओ देवता। यह युवती है अथवा वसन्त कानन में सौरभ से सनी मधु लहर। राजीव को पुनः झटका-सा लगा, दो ओठ हिले–"क्या देख रहे हो?"

"जी," राजीव गला साफ करते हुए बोला, "जी नहीं, मेरे एक मित्र आने वाले हैं।"

युवती ने राजीव की बात की ओर विशेष ध्यान नहीं दिया। नियमपूर्वक अपना सामान रैक पर रखकर सीट पर ठीक से जम गई। राजीव कुछ कहना चाहता था। शब्द साथ नहीं दे रहे थे। युवती के सौंदर्य ने मानो उसका समस्त ज्ञान हर लिया हो। सहसा उसे संपूर्ण स्थिति का आभास हो गया, उसने साहस बटोरकर कहा–

"देखिए मैं कह चुका हूँ, यह सीट मैंने अपने मित्र के लिए रखी है। आप हैं कि..." राजीव की बात सुनते ही युवती के नत नयन पुनः उठे दो बाण और चले। ओठों पर मृदु मुस्कान नई करवट लेकर खेल गई। वह अतीव मोहक वाणी में बोली, "देखिए मिस्टर आपके मित्र फ्लाइंग सासर तो आने से रहे। सुन नहीं रहे हैं आप? गार्ड सीटी पर सीटी दिए जा रहा है, सिग्नल कब का हो चुका है" और अचानक गाड़ी ने धक्का खाया, राजीव झुककर युवती के बिलकुल निकट पहुँच गया। शरीर के ऊपरी भाग कुछ हिले पुनः सँभल गए। युवती ने पीछे हटते हुए हँसकर कहा, "लीजिए यात्रा आरंभ हो गई। आप चल रहे हैं या प्लेटफॉर्म पर मित्र की प्रतीक्षा कीजिएगा।" राजीव व्यंग्यपूर्ण शब्दों में मानो फिर कटकर रह गया। निरुत्तर-सा इधर-उधर देखने लगा, जाने क्या कह गया–

"वो तो ठीक है लेकिन।"

"लेकिन वेकिन छोड़िए महाशय"–युवती हँसी न रोक सकी और राजीव सकपका कर रह गया। बात हुई और हवा में घुलमिल अस्तित्वहीन हो गई। राजीव के मस्तक में विचारों का ताँता फिर से बल पकड़ने लगा। इधर गाड़ी हवा का दम भरने लगी, उधर राजीव तनिक कड़वे घूँट भरने लगा। उसे युवती के व्यवहार पर रह-रह कर क्रोध-सा आने लगा, परंतु राजीव भली-भाँति जानता था कि उस सौंदर्य के हाथों यदि किसी को विषपान करना पड़े तो सौभाग्य की बात होगी। परंतु युवती ने उसका इस प्रकार तिरस्कार क्यों किया। इसके अंतर्मन में उसकी व्यथा पलक मारने लगी। भीतर मानो प्रश्नों की कुदालियाँ चलने लगी हों। भावों को पिघलते लावे ने मन में तिरछी टेढ़ी खाइयाँ बनानी आरंभ कर दीं। उसका हाथ सहसा लाइटर पर जा पड़ा, सिगरेट फिर जलने लगी। दायरे फिर से बनने लगे। परंतु इस बार गोलाकार दायरों में किसी अज्ञात सौंदर्य का अनूठा बिलास मूर्तिमान हो रहा था। उसने अभी लंबा दम भरा ही था कि पुनः उस युवती ने विचार तंद्रा भंग कर दी। पत्रिका को नीचे कर मस्तक उठाकर तनिक तनाव से बोली–

"आप यह छोड़ नहीं सकते–गाड़ी की हवा हमारी ओर आ रही है।" राजीव पहले ही खाए पीए बैठा था। वह इन रूखे शब्दों से तिलमिला उठा। ऐसा लगा किसी ने उसे भरी सभा में वस्त्रहीन कर दिया है। उसके अहम् को चोट पहुँची। आखिर वह स्वयं को समझती क्या है? वह भी कोई ऐरा-गैरा नत्थू खैरा तो नहीं है। पढ़ा-लिखा प्रोफेसर है, ऐसी असंख्य युवतियाँ उसे पाने की लालसा में मन मसोसकर रह गई थीं। राजीव ने चेहरे पर विश्वास एवं अधिकार की छाया लाते हुए कहा, "जी नहीं, आपको अच्छा न लगे तो अगले स्टेशन पर दूसरे कम्पार्टमेंट में चली जाइए–" बात मानो युवती के रोम-रोम में छेद करती हुई पार निकल गई हो। वह स्वयं पर काबू न पा सकी, आवेश में आकर जाने क्या अनाप-शनाप बकने लगी–"यू मैन–मैं समझी आप पढ़े-लिखे–'वैल मैनर्ड' होंगे–परंतु आप..." युवती का चेहरा क्रोधावेग के कारण तमतमा उठा। पतले

होठ फड़कने लगे, उसने राजीव का सिगरेटों वाला छोटा डिब्बा चलती गाड़ी से बाहर फेंक दिया, विस्फारित नेत्रों से डिब्बे में बैठे अन्य यात्रियों की ओर देखती हुई बोली, "इन जैसे 'इर्रिस्पोन्सिबल' लोगों को ऐसे पढ़ाया जाना चाहिए।"

"क्या कहा," राजीव की मुट्ठियाँ भिंच गईं जीवन में उसे प्रथम बार किसी पर इतना अधिक क्रोध आया था। अपने घर पर होता तो संभव है सामने खड़े प्राणी पर गोली चला देता। वह कोई छोटा-मोटा व्यक्ति नहीं था। लाखों का स्वामी था, कॉलेज में प्राध्यापन कार्य तो केवल समय काटने के लिए करता था। ईश्वर ने उसे सब कुछ दे रखा था। अपनी तीन गाड़ियाँ थीं। यात्रा कुछ लंबी होने के कारण जानबूझ कर रेलगाड़ी से यात्रा कर रहा था। उसे नहीं पता था कि वातानुकूल गाड़ी में बंधनों सहित यात्रा करनी पड़ेगी—क्रोध के कारण उसके नेत्र लाल हो गए, उसने दाँत पीसकर कहा—

"यू मैडम आप" और साथ ही उसने युवती के पास पड़ा छोटा कैमरा खिड़की के बाहर फेंक दिया। सहसा डिब्बे के सभी यात्री उठकर खड़े हो गए। शिक्षित यात्रियों ने कोलाहल किया, बाहर बैठे सरकारी कर्मचारी दौड़ पड़े। तू-तू मैं-मैं और यह रहा, वह रहा। तुम पागल, मैं पागल, हम सभी घटिया लोग हैं—तुम यात्रा करना सीखो, तुम कौन आक्सफोर्ड से सीख कर आये हो—इत्यादि कितने वाद-प्रतिवादों में गाड़ी बीस मील चौकड़ियाँ भर गई। युवा यात्रियों ने राजीव को सँभाला और अधेड़ आयु के स्त्री-पुरुषों ने युवती को दुलार पुचकार कर शांत किया। गाड़ी चलने से पूर्व अभी यात्रियों के चेहरे आशा एवं उल्लास से रंजित थे, परंतु इस हल्ले के पश्चात सभी इस प्रकार सिमट कर बैठ गए हों मानो बिना टिकट यात्रा के जुर्म में पकड़े गए हों और जेल की ओर गमन कर रहे हों। उनमें सबसे अधिक अशांत था राजीव। उसे रह-रहकर अपने पर क्रोध आ रहा था। वह क्या पढ़ा-लिखा होने पर स्वयं पर काबू न पा सका? क्या इसे भद्र पुरुषता कहेंगे? युवती भी अपराधिन बनी विचारों में खोई थी। चेहरे का रंग तनिक रक्त वर्ण हो चमक उठा था। परंतु माथे पर बिखरी चिंता और विषाद की रेखायें स्पष्ट बता रही थीं कि उसके भीतर कोई उसे उसके रूखे व्यवहार के लिए कोस रहा है। वह अपने किए पर पश्चात्ताप कर रही थी, उद्विग्न थी।

व्यावहारिक जीवन में जो कुछ होता है उसका अस्तित्व क्षणिक है और जल तरंग की भाँति प्रभावहीन है। जीवन के बाहरी तानेबाने को घड़ी की लंबी और छोटी भुजाएँ दृढ़ बंधनों में जकड़कर अपने सीने से लगा लेती है। वहाँ सब कुछ नपातुला-सा हो जाता है, परंतु इस दृश्य जगत से परे, अंतर्मन में आगे एवं पीछे दोनों ओर घूमने वाली घड़ियाँ हैं। वहाँ जो कुछ व्यक्त होता है क्षणिक न रहकर युग-युगान्तर से संचित परिचय और अनुभव में एकीकरण कर जाता है। कोई घड़ी अथवा समय मापक यंत्र उसे पकड़ नहीं पाता। क्या ऐसी ही स्थिति राजीव और उसके सामने बैठी युवती के भीतरी जगत की नहीं थी। पल-पल कटते दोनों के भाव तनाव छोड़ भार हीन होने लगे। राजीव के माथे पर पड़ी गहरी खाइयाँ लुप्त हो गईं। युवती के होठ पुनः मृदुता बरसाने लगे। राजीव के

हाथ फिर से 'प्रेयसी' के शृंगार के लिए उत्सुक हो उठे, इधर युवती के समस्त मनोभाव मानो नेत्रों में सिमट क्षमा याचना करना चाहते हों। दूर परंतु समीप होना चाहते नेत्र मिले, भाव अटके, ओठ भटके, भवें मटकीं। शब्द हीन भाषा में राजीव ने कहा, "मैंने तुम्हें ऐसा नहीं समझा था, तुम्हारे पावन चरणों में सब कुछ अर्पण कर, सब कुछ हार जाना चाहता था लेकिन–" युवती की भवें तनीं, धीमा श्वास बोल उठा, "मैं न जाने आपको क्या-क्या मान बैठी थी। क्यों आपने मेरा कैमरा फेंका सच आपको नहीं पता लड़कियों का मन कितना कोमल होता है, कैसा क्रोध था आपका?"

राजीव ने मस्तक उठाया पुनः भीतरी तार झटके–"कितना अच्छा होता तुम मन मुटाव न करतीं और-और लेकिन–" वही शांत स्वर पुनः लहर भरने लगा–

"देखो आपने बहुत सताया है, क्या बात भी नहीं करोगे।" राजीव और वह युवती अपने-अपने श्वासों और प्रश्वासों के वाक् वाणों में बिंधते इस लोक से ऊपर उठने लगे। क्षण भर के लिए भूल गए कि बाध्य जीवन भीतरी मंच से कहीं अधिक स्थायी और सत्य है। किसी को भी ध्यान न रहा, युवती ने ठीक ऊपर रैक पर टीन का डिब्बा रखा हुआ था। युवती संभवतया अपनी सहेली के लिए पान ले जा रही थी। वह डिब्बा धीरे सरकता चला आ रहा था। ठीक उस समय जब राजीव और युवती पंखहीन भावों पर आरूढ़ कल्पना लोक में डग भरते जा रहे थे। वह डिब्बा नीचे गिरा एक साथ कितनी आवाजों ने डिब्बे की शांति भंग कर दी। "अरे सँभलो। अरे यह कहाँ से टपक पड़ा।" एक वृद्धा चिल्लाई।

"खुदा रहम करे।"

"अरे! खून का फव्वारा छूट पड़ा है।"

डिब्बे में एकदम से हलचल मच गई। ऐसा अनुभव हुआ किसी गगनचुम्बी कोठी को अचानक आग की भयावह लपटों ने घेर लिया है। युवती चीख उठी, हाय राम यह क्या? पलक झपकते ही उसने राजीव का हाथ अपने हाथों में लेकर अपना रूमाल उस पर बाँध दिया। चारों ओर प्रश्नोत्तर की वर्षा होने लगी। कुछेक मनचले सज्जनों ने व्यंग्य बाण भी कसे। अरे महाभारत के पश्चात् यह गांधीवाद आरंभ होने लगा है। दूसरे ने कहा, "अजी सिगरेट केस और कैमरे का हिसाब किताब हो रहा है।" कुछ गंभीर स्वर गूँजे–"अजी स्टेशन उतरते ही पट्टी करवा लेना।" सभी कुछ न कुछ कहते चले गए परंतु राजीव मानो उसे देखता रहा, अपना हाथ उसके हाथों में देकर मानो वह विश्व के समस्त झंझटों से सहज ही पलायन कर गया। वह स्वयं से पूछ बैठा क्या सचमुच चोट हाथ पर ही लगी है। इधर युवती के हृदय में धीमा कंपन हुआ।

"क्या चोट केवल उनको ही लगी है?" जाने कब तक राजीव का हाथ उसके हाथ में पड़ा निष्कर्म-सा बना रहा। परंतु क्या सदा ही ऐसा बना रहेगा? डिब्बे के अन्य यात्री अपने-अपने कामों में व्यस्त तिरछी टेढ़ी ताक झांक से दोनों अपरिचितों को सँभलने की चेतावनी दे रहे थे। कुछ तो जानबूझ कर खाँसने का अभिनय भी कर चुके थे। फिर

समस्त अभिनय के अंत होने का समय निकट आने लगा। गाड़ी आगरे के समीप पहुँचकर धीरे चलने लगी थी। सभी यात्री अपने सामान की ओर जुट गये। युवती ने सभी को आँख भरकर देखा, पुनः धीमे स्वर में राजीव से बोली, "अब कैसा दर्द है।" राजीव ने कुछ मुस्कराकर, आँखों में शरारत भरते हुए कहा, "हाथ का दर्द तो ठीक है लेकिन" युवती ने रोषपूर्ण अभिनय करते हुए बात काट दी, "छोड़िये इस लेकिन वेकिन को ठीक-ठीक जवाब दीजिए।" राजीव भली भाँति जानता था कि इस युवती के उस रोष पूर्ण आग्रह में हृदय की समस्त तरलता आ रही थी। वह चेहरे पर दृढ़ता लाती हुई मुस्कराई पुनः कुछ झुकती हुई बोली, "कितने दिन आगरा ठहरेंगे।" राजीव ने चुटकी भरी धीमे स्वर में कहा–

"आप साथ रहें तो सात जन्म।"

"जी?" राजीव ने आश्चर्यसूचक चिह्न को सकारात्मक उत्तर में बदल दिया, बात अभी पूरी नहीं हुई थी कि गाड़ी स्टेशन पर आकर रुक गई। यात्री ठीक से उतरे भी नहीं थे कि पाँच-छः कालजेट युवतियों ने आकर राजीव के मन में अधिकार करती चली आ रही युवती को घेर लिया। कुछेक तो वनिता कहकर उससे लिपट गयीं। राजीव वहीं निरुत्तर, निरुद्देश्य एवं आवाक्-सा खड़ा रह गया। जाने कब कुली ने आकर उसका सामान उठा लिया?

"साहिब किधर जाइएगा? बाहर या वेटिंग रूम?"

"ओ-हाँ" राजीव ने चौंककर कहा, "बाहर चलो।" राजीव को ध्यान नहीं रहा वनिता कब स्टेशन से बाहर चली गई। चन्द्रमा मानो अपनी समस्त सुषमा लपेट तारिकाओं के संग विलीन हो चुका जो शेष था केवल शब्दहीन, अर्थहीन एवं प्राणहीन अंधकार।

राजीव कई बार आगरा आ चुका था और अनेक बार ताजमहल देख चुका था। ताजमहल में इसे प्रत्येक बार अनूठी एवं अनुपम कला के दर्शन होते। उसने ताज पर लिखा हक्सले का लेख कितनी बार कक्षा में पढ़ा था। राजीव कभी तो समझ नहीं पाया कि हक्सले का ताज के प्रति अनादर-भाव का क्या कारण हो सकता है। राजीव इस दिन भी यमुना नदी के जल में गिरते तेज श्वेत प्रतिबिम्ब को बड़ी उत्सुकता से निहार रहा था। यमुना की लघु लहरियाँ ताज के चरणों का चुंबन करती हल्का-हल्का गा रही थीं। संगीत और मूर्ति कला का वह दिव्य संगम राजीव चेष्टा करने पर भी नहीं भूल सकता। ताज समय की चल रही लहरी, पर आसीन अमर प्रेम की पावन गाथा का प्रतीक है। सौ बार देखकर भी राजीव का मन नहीं भरा था। यमुना को स्थिर नेत्रों से देखता, ताज का प्रतिबिंब धवल एवं श्वेत, हल्की चादर पर अंकित चित्र के समान हिलता प्रतीत होता। चित्र अस्थिर होकर भी स्थिर जान पड़ता था परंतु लहरों का ताना बाना एक के बाद एक रंग बदलता जाता। राजीव ने अपने भीतर झाँक कर देखा उपचेतन मन भी यमुना नदी के जल प्रवाह की भाँति बहता चला जा रहा था परंतु उस प्रवाह की असंख्य

भीमकाय तरंगों पर वनिता का सुंदर चेहरा बार-बार उभर आता था कितना गंभीर था भीतर और बाहर। क्या सृष्टिकर्त्ता के अनगिनत ताज मन की ऊर्ध्व भूमि पर बनते मिटते नहीं रहते। राजीव ने ठंडी श्वास भरी मानो वह वनिता की स्मृति को यमुना की लहरों में बहा देना चाहता हो। सहसा मन के किसी प्रशांत प्रांगण में मृदु हिलोर उठी, "काश वनिता से भेंट हो सकती।" राजीव की बात मानो चिर निद्रित प्रेमी युग्म ने सुन ली। एक हल्का पहर बीता राजीव आश्चर्यचकित रह गया। वह सचमुच वनिता ही थी, दूर अपनी सखियों से हँस-हँस कर बातें कर रही थी। सहसा भेंट हो गई। राजीव के भीतर मानो युवा शाहजहाँ ने करवट बदली हो। अपनी मुमताज को भुजाओं में समेटने के लिए वह कुछ पग आगे चला आया। वनिता ने राजीव को दूर से देखा, चेहरा लज्जावश रक्तिम हो उठा। ताज की श्वेतता में वह हलका मूँगिया रंग, मानो किसी सूरजमुखी को केसर से ढाँप दिया हो। वह सखियों से कुछ कह राजीव को मिलने चली आयी। होठों पर धीमी मुस्कान किसी के स्वागत में पागल हो नाच उठी। राजीव ने हाथ आगे बढ़ाया, कोई सुकोमल कलाई लजाकर उसमें नव विवाहिता की भाँति सिमटने लगी। नयन हृदय के समस्त सन्देश कहने को स्निग्धता भर लाए। वह बोली, जैसे मुमताज ने आह भरी हो—"हाथ ठीक हो गया क्या?"

राजीव ने नेत्र घुमाकर कुछ व्यंग्यमय वाणी में कहा, "दर्द तो चला गया, परंतु बीमार का।" वनिता ने बात काटते हुए अतीव सरल मन से कहा।

"वह भी चला जाएगा—जी।" और फिर दोनों उन्मुक्त एवं सरल मुस्कान से सराबोर हो उठे।

एक और दो फिर ग्यारह जाने कितनी बार दोनों मिले और प्रेम पोथी के कितने नए अध्याय लिखे गए, फिर एक दिन हरे घास पर लेटते हुए राजीव ने वनिता का उन्नत आनन अपने हाथों में भरकर कहा, "बानी..."

"कहो न" वनिता के नेत्र लज्जा के कारण शर्बती बन आए, "तुम बहुत सुंदर हो।"

"यह किस नाटक का डायलॉग है जी।"

"बानी" राजीव मानो रुकना चाहता हो। पुनः बोला, "कभी बात सीरियस नहीं लेतीं," बानी ने प्रेम पूर्ण भाव से देखते हुए कहा—

"आपको मेरी प्रशंसा के अतिरिक्त कुछ और भी सूझता है कभी।"

"वह तो ठीक है लेकिन," वनिता लेकिन शब्द के उच्चारण पर फिर मुस्करा उठी, धीमे स्वर में बोली—

"आप लिटरेचर के प्रोफेसर हैं न?"

"क्यों?"

"तब तो आपके रिजल्ट्स जीरो परसेंट ही आते होंगे।"

"जीरो परसेंट" राजीव ने कुछ सँभलकर कहा, "परंतु क्यों?"

"इसलिए कि आपकी वोकबुलरी बड़ी पुअर है जाने लेकिन शब्द पर आकर अपने शब्द भंडार को कैसा ब्रेक लगता है। आपसे कुछ भी तो बन नहीं पाता—ऐसा लगता है जैसे पप-माडल की छोटी कार दल-दल में जा धँसी हो।" वनिता की बात सुनकर राजीव भरपूर हँसी में भर उठा पुनः एक प्रगाढ़ एवं मृदु चुंबन से वनिता के होंठ बाँध दिए, धीमा सिहरन, मानो यमुना की लहरें सोने लगी हों। वह सानुरोध पीछे हटी, वह प्रेमवश कुछ आगे बढ़ा, वह नेत्रों में विनय भर लाई, वह अपनी बाँहों में त्रिभुवन का प्रणय समेट लाया कली ने जैसे मटककर कहा हो यह सब क्या है राजीव। भंवर मानो गुंजरित हो उठा। तुम्हें बता रहा था। मुझे क्या-क्या आता है और राजीव ठहाका मारकर हँस पड़ा। वनिता की स्थिति ऐसी हंसिनी-सी हो गई जिसे जानबूझकर मान सरोवर से बाहर कर दिया हो और कुछ न बन पड़ा, वह राजीव को मारने दौड़ पड़ी—वह खिलवाड़। उभरते यौवन के सुकोमल सौंदर्य से प्रणयालाप—दोनों थक हार कर गिर पड़े। कुछ शांत होकर राजीव ने कहा—

"बानी, इस प्रणय को अमर बनाना होगा, तुम्हें मेरी माँ के पास चलना होगा?"

"माँ" वनिता चौंक पड़ी। उसका मुखमंडल कुछ गंभीर हो गया, ऐसा लगा किसी अनाड़ी चित्रकार ने ताज की श्वेतता पर श्याम वर्ण कूची फेर दी हो। वह सँभलती हुई बोली, "कब चलना होगा?"

"चाहे आज ही चलो।"

"आज ही? लेकिन?" इस बार वनिता भी लेकिन शब्द पर आकर अटक गई। उसे समझ नहीं आ रहा था कि इस छोटे शब्द के आगे अंधकार की घनी परत क्यों है? क्यों इस गहन अंधकार को ज्ञान पुंज की तीक्ष्ण किरणें मार नहीं पातीं? वनिता ने अर्थपूर्ण नेत्रों से राजीव की ओर देखा, वहाँ जिज्ञासा एक नया रूप बदल रही थी। वनिता ने निचला ओठ कुछ गीला करते हुए कहा।

"इतनी जल्दी भी क्या है?"

राजीव ने अपने हाथ उसके कंधे पर रखते हुए कहा—

"तुम्हें न सही मुझे तो है।"

वनिता ने कुछ कहा नहीं। माधुर्य पूर्ण नेत्रों से राजीव को देखा पुनः एक दीर्घ श्वास ले अपना माथा उसके वक्ष पर रख दिया। अतीव तरल वाणी में कहा, "राजी, मेरा रोम रोम तुम्हारा है। तुम जैसा कहोगे मैं करूँगी और..."

वनिता ने राजीव की माँ के चरण स्पर्श कर स्वयं को कृतार्थ किया। राजीव की माँ वनिता को देख गद्गद हो उठी। विवाह के लिए कितनी ही लड़कियाँ नज़रों से गुज़री थीं परंतु एक भी तो उसे न भा सकी। वृद्धा ने वनिता की ओर सहर्ष देखते कहा—

"बेटी, तुम साक्षात् लक्ष्मी का रूप हो। हमारे घर में भगवान का दिया हुआ सब कुछ है, बस कुलवधू नहीं थी। तुम्हें पाकर यह महल जैसा भवन जगमगा उठेगा—"

वनिता ने ऐसे हार्दिक स्वागत की कल्पना तक नहीं की थी। वह चुपचाप चाय पीने लगी। वृद्धा ने ऐनक के मोटे शीशों में झाँकते हुए अतीव दुलार से पूछा।

"बेटी तुम कहाँ के रहने वाले हो।"

"जी अहमदाबाद के।" बुढ़िया ने जिज्ञासापूर्ण मुद्रा में वनिता को ध्यान से देखा, पुनः बोली—"तुम्हारे पिता?"

"जी वे अब संसार में नहीं हैं। अहमदाबाद में हमारा एक बड़ा कारखाना है। दुर्गा दास मिल्ज।"

वृद्धा ने कुछ सोचते हुए कहा, "क्या तुम्हारे पिता का नाम सेठ कांति नंदन...?"

"जी-जी।" वनिता ने रुकते हुए कहा। वृद्धा तत्क्षण क्रोधावेग में कुर्सी से उठ खड़ी हुई, ओठ फड़फड़ाती हुई बोली, "वही कांति नंदन जो स्वयं को आग लगाकर मरे थे—" पुनः राजीव की माँ ने राजीव को आदेश पूर्ण स्वर में कहा, "बेटा इससे कहो इसी समय यहाँ से चली जाय। यह रिश्ता नहीं होगा—" परंतु माँ, बात तो सुनो— राजीव ने स्पष्टीकरण हेतु कुछ कहना चाहा—"नहीं" वृद्धा ने भूमि पर पाँव पटक कर कहा, "इसे तुरंत घर से निकाल दो, यह लड़की कलब्बों में नाचती है?"

"माँ," राजीव ने विनयात्मक स्वर में कहा, "मेरी भी तो सुनो।"

वृद्धा ने पुनः गरजकर कहा, "कुछ सुनना नहीं होगा इसे चले जाने को कहो।"

वनिता सब कुछ सहन न कर सकी। उसका लवण मुख कड़कती धूप में झुलसी कली-सा हो गया। हृदय में व्यथा और पीड़ा का जलधि उमड़ पड़ा। कहीं राजीव पर उसका रोना प्रकट न हो जाए, वह मुख में कपड़ा ठूँस वहाँ से भाग निकली और पल भर में टैक्सी ले राजीव की कोठी से दूर हो गई। जो कुछ हुआ उसे संभव घड़ी की टिक्-टिक् चला न सकी। क्षण भर में लुप्त हो गया। झील में पड़ा बर्फ का बड़ा गोला जैसे पल भर में पिघल गया हो। राजीव हतप्रभ-सा माँ को देखता रहा, उसे अपने आप पर क्रोध एवं खीझ-सी हो रही थी, वह क्यों वनिता को रोक न सका। परंतु राजीव के लिए माँ की आज्ञा राष्ट्रपति के आदेश से भी अधिक महत्त्व रखती थी। उसने अपने बिखरे बालों को उँगलियों में भरकर तह जमाई और बड़े विनम्र ढंग से बोला, "माँ, तुम्हें वनिता का अपमान नहीं करना चाहिए था—" राजीव का उतरा चेहरा देख वृद्धा का मन कुछ बैठ-सा गया, वह अपना विकंपित हाथ राजीव के कंधे पर रखती हुई बोली, "मैंने तुम्हारे भले के लिए सब कुछ किया है।"

"वह तो ठीक है माँ लेकिन।"

वृद्धा ने ऐनक ठीक करते हुए कहा, "जानना चाहते हो तो सुनो, वनिता की बड़ी बहन शादी से पहले माँ बनने वाली थी। इस दुःख के कारण कांति नंदन ने आत्म हत्या कर ली और यह लड़की क्लबो..."

राजीव ने अपने हाथों में भरकर झटका देते हुए कहा, "बस करो माँ, मेरा सिर फट रहा है। ओ वनिता—यह सब, यह सब तुमने पहले क्यों नहीं बताया—" और राजीव

को ऐसा अनुभव हुआ मानो गगन में ऊँचे उड़ते पक्षी को किसी निर्दयी व्याध ने गोली मार कर धराशायी बना दिया हो। भीतरी मन में बना ताजमहल शतधा खंडों में भाजित हो बुद्धि के द्वारों से जा टकराया। एक भयंकर विस्फोट! राजीव काँप उठा—

प्रेम का संबंध यदि केवल बाहर तक ही सीमित रहेगा तो अमरत्व की कल्पना कोरा भ्रम होगी। प्रेम की थाह पाने के लिए इस पावन भाव को व्यावहारिकता की तुला पर पूरा उतरना ही चाहिए। वनिता का केवल बाध्य रूप ही राजीव ने देखा और परखा था, त्वचा के परे क्षण भर के लिए राजीव सोच भी न सका वह क्यों पूरी जानकारी प्राप्त किए बिना वनिता पर आसक्त हो गया। शिला पर जल गिरते ही नीचे बह जाता है, क्या शिला के भीतरी कणों से भी जल का कोई संपर्क रहता है—नहीं। ठीक वैसा ही राजीव वनिता को समझ पाया। क्या भूल केवल उसी की है। वनिता ने क्यों उसे नहीं बतलाया कि वह क्लब में नाचती रही है। राजीव विगत समय की घटनाओं का स्मरण कर कराह उठा। भीतरी टीस ने उसके मस्तिष्क को भी असंतुलित कर दिया। वनिता को वह सौंदर्य की साकार मूर्ति समझता था परंतु अब उस मूर्ति पर मानो किसी ने कूड़े का ढेर फेंक दिया हो। प्रातःकालीन सूर्य की स्वर्णिम आभा को जैसे विशालकाय राहू ने अपने पंजों में भर लिया हो। कितने दिन व्यतीत हो गए। भूत जो गहरी खाई गया, लौट कर नहीं आया। राजीव का अतृप्त प्रेम क्रोध और द्वेष की ज्वाला में पिघल इस रोम-रोम में फैल गया। राजीव को देखते ही वनिता का शुष्क मुख पुनः प्रकाशमान हो उठा। धरती के शुष्क वक्ष पर मानो ओस बिन्दुओं का पड़ाव पड़ने लगा हो। वनिता पुलकित हो राजीव के पास चली आयी और अतीव तरल वाणी में बोली।

"राजी, कहाँ कहाँ नहीं देखा मैंने तुम्हें?" राजीव ने मानो बात अनसुनी कर दी। वृक्ष के सूखे शिखर पर मानो कोहरे का कुछ प्रभाव न पड़ा हो, उसने तिरस्कार भरे भाव से वनिता की ओर देखा, पुनः एक शिष्ट अध्यापक की वाणी में कहा, "इसकी कोई आवश्यकता नहीं है। मैं तुमसे कोई संपर्क रखना नहीं चाहता—"

"क्या?" वनिता अवाक् रह गई। सुमंजुमुख सहसा कुम्हला गया। विस्फारित कमल के सभी पत्र मानो एक-एक करके झड़ने लगे हों। मन के अंतराल में छिपी वेदना मानो तरल बन वनिता को बहा ले जाना चाहती हो। खेद एवं आश्चर्य के मिश्रित भावों में वनिता भूल गई कि राजीव जा चुका है और उसके नेत्र अविरल गति से जल प्रवाह किए जा रहे हैं। ऐसा अनुभव हुआ किसी ने हृदय में असंख्य नश्तर मार दिए हों।

राजीव संगीत गोष्ठी से लौट आया परंतु मन की उद्विग्नता और अशांति और भी बढ़ गई एकांत क्षणों में आंतरिक विश्लेषण अत्यधिक कड़वाहट भरने लगता है। "क्या यह वनिता के प्रति अन्याय नहीं है? क्या तुम तनिक सहानुभूतिपूर्ण ढंग से उससे बात नहीं कर सकते थे?" कई दिन राजीव स्वयं को समझने की व्यर्थ चेष्टा करता रहा। ज्यों-ज्यों वनिता को भूलना चाहता उसका अंतर्मन विद्रोही हो पुकार उठता, "राजीव तुमने ठीक नहीं किया।"

पुनः तीन महीने बीतने पर यही शब्द वनिता की एक अंतरंग सखी ने राजीव से कहे किसी होटल में भेंट हुई सखि ने कहा, ''यह ठीक नहीं हुआ राजीव बाबू आपको जल्दबाजी नहीं करनी चाहिए,'' उसकी सहेली के नेत्र अचानक अश्रुओं से भर उठे, गला रुँध आया। यह बोली, ''उसकी बड़ी बहन कुलटा थी, क्या इसका मूल्य आप बानी के बलिदान से चुकता करेंगे? आप तो प्रोफेसर हैं, पढ़े-लिखे हैं।'' राजीव ने दोषी की भाँति मस्तक झुका लिया। मन का संशय अभी भी दूर नहीं हुआ था। दीर्घ श्वास लेकर बोला, ''परंतु वह क्लब में'' ''हाँ-हाँ, वह क्लब में नाचती रही है केवल इसलिए कि वह अपने पिता की जायदाद को शेयर होल्डरज के पंजों से मुक्त करा सके—'' पुनः वह कुछ शांत होकर बोली, ''राजीव बाबू आपको नहीं पता वनिता ने कैसी उलझनों का सामना किया है। गंगा निर्जन एवं अपावन ठौर पर भी पावन ही रहती है। आप वनिता को नहीं समझ सकेंगे, वह लाखों में खेलती हुई भी साधारण जीवन व्यतीत करती है। चाहती तो इस जीवन का सदैव के लिए अंत करके विदेश चली जाती परंतु।'' राजीव की परिचिता कहते-कहते रुक गई। पुनः दीर्घ श्वास लेकर बोली।

''सच राजीव बाबू, वनिता घुल-घुल कर मर जाएगी, यह पाप अपने माथे पर मत लीजिए—भगवान के लिए।''

''बानी,'' सहसा राजीव के मुख से निकल पड़ा। उसे ऐसा अनुभव हुआ किसी ने उसके नेत्रों पर पड़ा पर्दा हटाकर उसे एकबारगी ही सत्य दर्शा दिया है। क्या उसका माथा सचमुच कलंकित नहीं था? राजीव ने अपने सीने पर हाथ धर कर कुछ अनुभव किया प्रत्येक धड़कन चिल्ला-चिल्लाकर कह रही थी, तुम कितने संकीर्ण हृदयी हो समाज की ठेकेदारी करने वाले मूर्ख प्राणी प्रेम क्षेत्र में कोई ठेका नहीं चलता। राजीव ने पूरे जोर से छाती को पकड़ लिया मानो वह अपनी आहों का रक्त निचोड़ लेना चाहता हो श्वास प्रश्वास तेज हो गई। त्रस्त माथे पर पसीने की बूँदें उभर पड़ीं ओठ हिले, ''बानी को मिलना होगा'' और वह तत्क्षण कार लेकर बानी की कोठी की ओर चल पड़ा। कार से उतरते ही गेट पर बानी परिवार के डॉक्टर से भेंट हुई। डॉक्टर ने माथे पर रूमाल फेरते हुए लंबा साँस लेते हुए कहा—''मिस्टर कुछ कह नहीं सकता। होप बहुत कम है। मिस वनिता के दिल के पास एक बड़ा नासूर था कुछ वर्ष पहले मैंने उसका ऑपरेशन करवा दिया था। उस समय इसके पिता जीवित थे। उन्हें मैंने स्पष्ट शब्दों में कह दिया था कि इसे कोई बड़ा सदमा न होने पाये। अन्यथा जान को खतरा पड़ जाएगा। अपने पिता की ट्रेजडी को जाने इसने कैसे सहन कर लिया। इस बार जाने कैसी चोट खाई है।'' डॉक्टर ने कुछ देर मौन रहकर पुनः कहा—

''वही पुराना नासूर फिर भरने लगा है। दिल की धड़कन।'' डॉक्टर लंबा साँस लेकर बोला, ''लेट्स होप।'' और राजीव वहीं जड़वत् खड़ा रह गया ऐसा अनुभव हुआ वह पल भर के लिए संज्ञाहीन हो गया है। उसने भीगी पलकों से वनिता की कोठी की ओर देखा और थके यात्री की भाँति वनिता के कमरे में चला आया।

राजीव ने आँख उठा देखा वनिता का चेहरा बिल्कुल पीला हो चुका था। एक वर्ष पूर्व जो आभा वहाँ विकसित थी, पलक मार चुकी थी। प्रातः की सुनहरी किरणें मानो घने वृक्षों की छाया में उलझकर रह गई हों। नेत्र कोर सर्वथा स्याह हो चुके थे। 'यह बानी है या उसकी छाया?' राजीव ने देखा बानी सचमुच बहुत खिन्न एवं उदास थी। मन में शांत बैठे किसी अदृश्य राजीव ने कहा क्या सचमुच बानी यात्रा पूरी कर चुकी है? 'नहीं' राजीव का चीत्कार सारी कोठी में ध्वनित हो उठा उसकी पलकें भीग उठीं, निराधार-सा होकर वह वनिता के पैरों पर गिर पड़ा, विलाप करता हुआ बोला।

"बानी इस अधम शरीर को क्षमा कर देना। मैं दोषी हूँ, बानी मुझे" और राजीव सिसक उठा। राजीव को अपने समीप या वनिता के स्याह नेत्र कहीं से पुनः प्रकाश चुरा लाए। हृदय तन्त्री पर जीवन रागिनी एक हलका भैरव हो गई। तीन महीनों से शुष्क होठ अपने मीत को इतना निकट पा तरल बनने का अभिनय करने लगे। वनिता को शरीर की थकान घटती-सी अनुभव हुई उसने अपना कम्पित हाथ राजीव के सिर पर रख दिया। पुनः भरे हुए कण्ठ से बोली, "राजीव मेरे पास आओ, इधर मेरे पास बहुत निकट।" भारी व्यथा में डूबा राजीव सरककर उसके पास चला गया। वनिता ने राजीव का चेहरा अपने पतले हाथों में भरकर अपने शुष्क नेत्र राजीव के गीले नेत्रों में गाड़ते हुए कहा—"नहीं राजीव दोष तुम्हारा नहीं है। यह मेरी भूल थी। मैंने वर्तमान के मधुर आगमन से भूत की काली रेखाएँ पोंछनी चाही थीं परंतु वे और अधिक स्पष्ट होकर सामने आ गईं। राजी कर्म केवल वही तो नहीं है जिसे हम सोचते समझते हुए करते हैं। हमारे अपने कर्म ही तो हमें नहीं झेलने, कुछ समाज के संस्कार भावना के प्रेतों का मूल्य-जीवन भट्ठी को जलाए रखने की कीमत क्या यह सभी कुछ हमारे साथ नहीं रहता?" पुनः वह कातर वाणी में बोली, "शरीर से परे जो भीतर बाहरी बंधन हैं चाहे वे तितलियों के पंखों की तरह कोमल भी क्यों न हों तो वे बंधन हीन। इन्हें कौन बताता है? न मैं न तुम बल्कि हम और इसी दम की रक्षा के लिए मुझे जाना...।"

"नहीं बानी नहीं," राजीव ने सहसा उँगली वनिता के होंठों पर रख दी। वनिता ने कुछ हटकर अतृप्त नेत्रों से राजीव को देखा, एक ऊष्म आह—पुनः उसके बालों में उँगलियाँ फेरती बोली, "राजीव तुम बहुत अच्छे हो बहुत—मेरा एक काम करोगे। राजीव मेरी एक छोटी बहन है। दूर कलकत्ता में पढ़ती है। बचपन से ही वह दूर रही है उसे हमारे घर की इन बातों का कुछ भी पता नहीं है। तुम उसे अपना लेना। तुम हाँ कह दोगे तो यह शरीर सुगमता से मेरा पीछा छोड़ देगा।" राजीव के नेत्र बरस पड़े विलाप करता हुआ बोला, "नहीं बानी नहीं तुम्हें कुछ नहीं होगा..." वनिता ने कराहते हुए करवट बदली, पुनः राजीव से अश्रु पोंछती हुई बोली, "छिः राजीव तुम रो रहे हो।" फिर वह स्वयं भी नयनों में पानी भर लाई।

रुँधे गले में, लंबा साँस लेकर बोली—"राजी मर कर भी तुम्हें भुला पाना मेरे लिए कठिन होगा?" और वनिता का समस्त दुःख एकबारगी उसकी आँखों से टपक पड़ा।

दिल का दर्द बढ़ने लगा। उसने राजीव का हाथ बलपूर्वक जकड़कर सीने से लगाते हुए बड़ी कठिनाई से कहा, "यह दर्द राजी ओह–यह कैसा दर्द है।" वनिता के नेत्र गिरने लगे, ओठ थिरक उठे, "राजी ताज टूट रहा है, उसे रोको–राजी।" वनिता ने टूटती वाणी में कहा, "मुमताज तुम्हारा महल"–और वनिता का मस्तक एक ओर लुढ़क गया। राजीव को जोर का धक्का लगा, वह पछाड़ खाकर गिर पड़ा। कल्पना लोक का ताज रेत बनकर यमुना की लहरों में समा गया।

संदर्भहीन

दोपहर के बाद मेघ सहसा घिरे और वर्षा आरंभ हो गई। इक्के-दुक्के बादल घुलमिलकर समस्त गगन को प्रच्छन्न करने लगे थे। अंधकार प्रतिक्षण गहन से गहनतर होता जा रहा था। रवीन्द्र उद्विग्न-सा कमरे में इधर-से-उधर घूम रहा था। घड़ी की टक-टक के साथ उसके हृदय की धड़कन लय मिलाने का प्रमाण कर रही थी। पाँच बज रहे थे। सविता से मिलने का समय पीछे लटक गया था। घड़ी की मौन भुजाएँ धीरे-धीरे आगे सरक क्षण पूर्व की मानसिक अराजकता को सहन करने लगी थीं। वह निर्द्वन्द्व-सा होकर कुर्सी पर गिर पड़ा। ऐसी वर्षा में कविता तक पहुँचने का प्रश्न ही नहीं उठता था। उसने नज़र उठाकर दूर तक फैली रिम-झिम वर्षा को देखा। जल की प्रत्येक बूँद मानों अपने साथ एक पूरा इतिहास समेटे हुई थी। रवीन्द्र सोच रहा था, जलकणों और मानव जीवन के इन क्षणों में कितना साम्य है। जलकण जल में घुलकर जल रूप हो जाते हैं, मानव जीवन भी तो ऐसा ही है, वह अभी सोच ही रहा था, कि सहसा किसी के हल्के पैरों की ध्वनि ने उसे चौंका दिया। सविता को सामने देख रवीन्द्र आश्चर्यान्वित रह गया, ओठ अनायास ही कह उठे, "तुम और इस बारिश में।"

"जी हाँ मैं...आपको कोई एतराज है...?" सविता ने अपने खुले गीले केशों को पीछे पटकते हुए कहा। निर्निमेष भाव से पुनः रवीन्द्र की ओर देखते हुए बोली, "यही है आपका वादा। कल तो बड़ी-बड़ी डींगें मार रहे थे, बुद्धा गार्डन जरूर चलेंगे, यह देखेंगे—वह देखेंगे और बारिश से ही डर गये।" रवीन्द्र ने सविता की बात अनसुनी-सी कर दी। ध्यान सविता के भीगे मुखमंडल पर स्थिर था। योगी को मानो अमर टेक ने संज्ञाहीन बना दिया। रवीन्द्र ने ऐसा अलौकिक सौंदर्य इससे पूर्व कभी...मुखमंडल के चारों ओर अलक जाल मानों श्वेत धवलता में नागपंचमी का समारोह था। क्षण भर के लिए लगा उसकी निजता उन्हीं क्षणों में लयबद्ध हो गई है। केवल एक ही तत्त्व का अस्तित्व शेष रह गया और वह है सविता के आसपास...सुंदरता अपना परिचय या निजता में सिमट गई। सविता ने मीठा उपालंभ दिया, "ऐसे क्या देख रहे हो? मैं वही सविता हूँ, माया लोक की।"

रवीन्द्र और अधिक देर तक उस सौंदर्य का रसपान नहीं कर सका, मन में चोर था। तनिक दूर हटता हुआ बोला, "परंतु मैंने तो उन सबके साथ चलने को कहा था, तुम अकेली। सविता यह सब इस प्रकार...।" रवीन्द्र ने मुँह दूसरी ओर करते हुए फिर कहा—"बुद्धा गार्डन तो हम कभी भी जा सकते हैं, फिर ऐसी बारिश में इतनी दूर तक जाने की जरूरत...।" 'जरूरत?' सविता पर मानो गाज गिरी हो। समस्त उत्साह और उल्लास तुरंत पलक मार गये। मुखमण्डल की समस्त आभा श्यामलता में परिवर्तित होने लगी। वह रवीन्द्र के और निकट होकर उसके शंकित नेत्रों में अपने विश्वस्त नेत्र डालते हुए बोली, "स्वयं को ठीक से समझ पाती तो इस प्रकार आपके पास। तुम्हारे ही पद्‌चिह्नों पर चलती आयी हूँ। नहीं जानती थी कि इस मार्ग पर भी वेदनाओं का गहन अंधकार मिलेगा। रवि बाबू आप ही कहा करते हैं, सुख केवल वहाँ है जहाँ मन केंद्रीभूत है। मन को जीवन और जगत की दासता से मुक्त रखना है, वर्तमान ही सत्य है, इसलिए सबसे बड़ा सुख वर्तमान में जीना है...।" सविता आगे कुछ न कह सकी। मन की वेदना, हृदय की व्यथा एक साथ आँसुओं में ढलने लगे। उसने एक दीर्घ श्वास लेते हुए पुनः कहा, "आपका दर्शन वरदान नहीं, अभिशाप है," और वह सिसकती हुई द्वार की ओर बढ़ने लगी। दूर मानो वज्रपात हुआ शैल खंड टूटे, इधर रवीन्द्र के मन पर..., सविता को वह ऐसे कैसे जाने देगा। लपककर उसने सविता का हाथ पकड़ लिया, "ठहरो सवि, ऐसे मत जाओ?" सविता ने सानुरोध हाथ छुड़ाते हुए कहा, "नहीं, छोड़ दीजिए मुझे। इस घर में अकेले आप ही तो नहीं हैं। मैं दूसरों से मिलने के लिए भी आ सकती हूँ।" और वह हाथ छुड़ाकर द्वार तक पहुँच गई। रवीन्द्र ने उसे गंभीर एवं स्थिर स्वर से पुकारा, "नहीं सवि। तुम इस प्रकार मुझे बिना सुने नहीं जा सकतीं। जो कुछ अधूरा है उसे पूरा तो हो जाने दो।" सविता ने साड़ी के छोर से नेत्र कोर स्वच्छ किये, एक विचित्र मुद्रा में पीछे देखा और श्वास भरकर कहा, "मुझे कुछ भी कहना सुनना नहीं है, संसार में जो कुछ अधूरा है उसका कारण केवल मैं नहीं हूँ" और वह चपला वेग-सी नीचे चली गई। रवीन्द्र इस समय दूसरी मंजिल पर था। यहाँ दूसरे सदस्यों का आना-जाना प्रायः कम ही था। सविता के जाते ही वह संज्ञाहीन-सा रह गया। कानों ने जो कुछ सुना बुद्धि उसे अर्थ देने में असमर्थ थी। भावों के तीव्र प्रहार ने उसे निराधार बनाकर कुर्सी पर इस प्रकार पटक दिया, जैसे कोई वेगमती धारा छोटे कंकर को अपनी लपेट में लेकर दूर झटक देती है। बरसते पानी में अतीत घुलने लगा।

कुछ दिन पूर्व की घटना उसके भावों को फिर से कुरेदने लगी। सविता के प्रति ऐसा व्यवहार क्या अनुचित नहीं है? वह सब कुछ भूलकर वर्तमान में ही खो जाना चाहता था, परंतु सविता का वैसा रहस्यमय जीवन, उसे ठीक से याद है, देहली वह किसी खास काम से आया था। जिस मित्र के घर वह ठहरा था, उसी के द्वारा सविता से उसकी भेंट हुई थी। उसके मित्र शर्मा ने कुछ ही शब्दों में सब कुछ समेट दिया था, रवीन्द्र, अगर तुम सविता के लिए कुछ कर सके तो मुझ पर बड़ा उपकार होगा। एक तो यह अनाथ

ऊपर से यह अभिशाप। कैसे विश्वस्त भाव से तब उसने अपना हाथ शर्मा जी के कंधे पर रख दिया था। सहज वाणी में कहा था, "मुझसे जो भी बन पड़ा मैं करूँगा। आप आज्ञा दीजिए।"

"आज्ञा नहीं रवीन्द्र मेरी विनती समझो। दो बार प्रयास करने पर भी बी. ए. फाइनल की कम्पार्टमेंट क्लीयर नहीं कर पाई है। इस बार आखिरी चांस है। अगर कुछ दिनों के लिए तुम उसे पढ़ा सको तो बेचारी का इस संसार में... कितनी आशाएँ लेकर हमने उसका ब्याह...। न जाने वह कैसी घड़ी थी।" शर्मा जी कह न सके। शब्द दीर्घ श्वास में खो गये। रवीन्द्र ने देखा शर्मा जी का मुँह मलिन था, उसने धीमे स्वर में कहा, "शर्मा जी मन छोटा मत कीजिए। सब ठीक हो जाएगा। जितना समय इधर देहली में हूँ, सविता को गाइड कर दूँगा। इससे मेरा वक्त भी कट जाएगा और फिर।"

"बहुत-बहुत धन्यवाद रवीन्द्र।"

और फिर सविता की पढ़ाई नियमपूर्वक होने लगी। रवीन्द्र उस परिवार को दिए आश्वासन पर पूरा उतरने का यत्न कर रहा था, परंतु रह-रहकर उसका मन सविता के लिए अशांत हो उठता। उसे अनुभव हुआ कि सविता के जीवन में कहीं कोई विचित्र-सा खालीपन पसर गया है जो प्रतिपल उसे कचोटता रहता है। पढ़ाई के अतिरिक्त वह कोई दूसरी बात पसंद नहीं करती थी। तीसरा दिन भी इसी प्रकार असमंजस में बीत रहा था। दोनों ही अपरिचितों की भाँति पुस्तकों से जुटे हुए थे। रवीन्द्र ने कुछ सोचते हुए साँस रोककर कह ही दिया, "सविता बुरा नहीं मानना। मुझे यह सब पसन्द नहीं है।" शांत एवं स्थिर लतिका को मानो दृढ़ हाथों ने जड़ से झटक दिया। सविता अशांत हो उठी। चेहरे पर जिज्ञासा भाव उमड़ने लगे। अस्थिर वाणी फूटी, "मैं समझी नहीं आप...?" रवीन्द्र ने उसके झुके नेत्रों की ओर देखा, कुछ सोचकर पुनः कहा, "जीवन का जो अर्थ तुमने लगाया है, वह ठीक नहीं है। जो तुम पीछे छोड़ आयी हो वही तुम्हारा नहीं था, वर्तमान की उजली दुपहरी में अतीत की धुँधली स्मृतियों को निष्प्रभ हो जाने दो।"

जितना समय रवीन्द्र कहता रहता रहा, सविता सामने दीवार पर दृष्टि स्थिर किए सुनती रही निर्निमेष अपलक। पुनः तिरछी नजरों से रवीन्द्र को घूरती हुई बोली, "आप दर्शन के प्राध्यापक तो नहीं हैं, मेरा विषय तो...। मुझसे यह सब मत कहिए। मैं...?" "नहीं सविता" रवीन्द्र ने नेत्र झुकाते हुए कहा। लंबी साँस लेकर कहा, "मैं तुम्हारा टीचर हूँ। मेरा कुछ तो अधिकार, अधिकार?" सविता चौंक पड़ी। सहज प्रवाह सरिता के मार्ग में मानो भीमकाय शिला आ पड़ी हो। वह पीछे हटती हुई बोली, "चाचाजी तो कह रहे थे। आप मुझ पर उपकार कर रहे हैं।" "सविता।" रवीन्द्र कुर्सी छोड़कर खड़ा हो गया। वह सविता के शब्दों में छिपे व्यंग्य को सहन नहीं कर पाया। ऐसा अनुभव हुआ किसी ने गर्म शीशा उसके शरीर पर डाल दिया है। उसकी श्वास प्रश्वास एक होने लगीं। पाँव भूमि पर पटकता हुआ बोला, तुम मेरा अपमान भी कर सकती हो, यह मैंने सोचा भी नहीं था और वह सविता के उत्तर की प्रतीक्षा किए बिना ही द्वार तक चला

आया। नेत्र खुले थे, परंतु चारों ओर अंधकार नजर आ रहा था। सविता यह सब सहन कर सकी। वह वायु-सी गति के साथ उठी और रवीन्द्र का मार्ग रोक लिया। अतीव कातर वाणी में कहा, ''रवीन्द्र बाबू! परमात्मा के लिए रुक जाइए। मैंने जो कहा है उसमें ऐसा कहीं कोई भाव नहीं है। ईश्वर के लिए रुक जाइए। इस घर में मेरी जो स्थिति है—'' और सविता द्वार से मुख सटाकर सिसकने लगी। रवीन्द्र के पाँव आँसुओं ने बाँध दिए। वह रुक तो गया है, परंतु क्या वह पुनः सविता से कुछ कह पाएगा? असमंजस और दुविधा की स्थिति में उसने अपना हाथ सविता के कंधे पर रख दिया, साँस भरकर कहा, ''नहीं सविता! मैं नाराज होकर नहीं जा रहा हूँ। जरूरी काम है। कल फिर आऊँगा।'' और वह सविता को उसी तरह आँसुओं के सागर में ढलने के लिए छोड़ गया।

अगले दिन रवीन्द्र उसे पढ़ाने नहीं जा सका। क्या रवीन्द्र जानबूझकर नहीं आया? सविता ने पिछले दो वर्षों में प्रथम बार किसी के संबंध में कुछ ऐसा सोचने की आवश्यकता समझी थी। पढ़ने के लिए तत्पर वह रवीन्द्र की प्रतीक्षा कर रही थी। नेत्रों के आगे धुँधलापन बढ़ता जा रहा था, छिटके प्रकाश में रवीन्द्र का अस्पष्ट चेहरा कई आकृतियाँ बुनता जा रहा था। सविता को अनुभव हुआ जैसे मन के सूने प्रांगण में कोई आशा किरण अनायास ही चमकना चाहती है। सविता के मनःपटल पर असंख्य भाव, अनगिनत वेदनाएँ साकार हो उठीं। उसकी अंतरात्मा ने कहा, ''सवि! तुम रवीन्द्र की यूँ अवहेलना नहीं कर सकतीं। उसने जो कहा है वही सत्य है।'' सविता ने सोचा और खूब सोचा, कुछ निर्णय लिया और अगले ही दिन वह स्वयं रवीन्द्र के पास पहुँच गई। बात शुरू करने के लिए कोई पृष्ठभूमि उसने नहीं जुटायी, बस कह दिया, ''आप आये क्यों नहीं, जान पड़ता है अभी तक नाराज हो। अजीब बात है चाचाजी तो कह रहे थे आप बड़े ब्राड माइंडिड हैं, लेकिन मैंने तो।'' रवीन्द्र ने जब कोई उत्तर नहीं दिया तो सविता ने शांत भाव से उसकी रहस्यमय पलकों में देखा कितना आकर्षण था! वहाँ। उन्नत ललाट पर..., वे क्षण सचमुच बहुत मधुर होते हैं, जब दो आत्मीय भाव आपस में मिलते हैं। सविता ने अनुभव किया मानो गहन अंधकार में एक बहुरंगी इंद्रधनुष अपने संपूर्ण वैभव में चमक भर गया है। आराधना के क्षणों में प्राणी आंतरिक शून्यता का जो रस पीता है, शायद ऐसा ही कुछ वे दोनों...। 'पाकीजा' फिल्म देखने उनके साथ परिवार के दूसरे सदस्य भी आ गये। मध्यांतर के समय रवीन्द्र खुली हवा में बाहर चला आया था। चित्रपट पर घूमती छाया, कल्पित उद्वेग होने पर भी मीना कुमारी का अभिनय सचमुच ही सराहनीय लगा था। नर्तकी के रूप में उसका सजीव हाव-भाव, रवीन्द्र को प्यास लगी थी याद नहीं वह कब कैंटीन तक पहुँचकर काउंटर पर झुक आया। 'कोक' सामने था, हाथ आगे बढ़ा ही था कि किसी ने तुरंत लपककर उफन भरी 'कोक' उसके ओठों से लगा दी। रवीन्द्र ने घूमकर देखा वह सविता थी। जिज्ञासु नेत्र हाल की ओर दौड़ गए। ''सविता! तुम? वे लोग वहीं हैं क्या?'' ''हाँ, उन्हें प्यास नहीं है।'' सविता के नेत्रों में

उत्सुकता थी। "ठीक है लेकिन यह कोक तो मेरा था।" "फिर क्या हुआ? आप दूसरा ले लीजिए।" सविता ने ओठों को मानो शांत किया। रवीन्द्र के बहुत निकट आती हुई बोली, "कभी-कभी न जाने दूसरे का सब कुछ क्यों अच्छा लगने लगता है? जी में आता है, दो का भाव, भावनाओं की दूरी, सब कुछ एक हो जाए, रवि बाबू" सविता को लगा जैसे वह अपने में नहीं है। नेत्र भटककर रवीन्द्र की शंकित आँखों में खो गये। ओफ! यह कैसी छलना है। रवीन्द्र के इतने समीप आकर भी क्या वह? दूसरे लोगों के सामने तो वह रवीन्द्र से खुल कर बात ही नहीं कर सकती थी। रवीन्द्र की पलकें झुकीं, कुछ शब्द फूटे।

"मेरे साथ पंजाब चलोगी।" 'रवीन्द्र' सविता ने एक ठण्डी आह भरी। नेत्रों की चमक मन को भुलावा दे रही थी। भ्रम ने संभावना झुठला दी, सविता ने शायद कुछ क़हा, "क्या सचमुच मेरा ऐसा भाग्य है।" पुनः दोनों ही एक आत्मीय मुस्कान से रंजित हो उठे और...

और दिन पर दिन बीतने लगे। सविता दिन प्रतिदिन अलंकृत कविता-सी सँवरती जा रही थी। रवीन्द्र ठीक ही कहता था। वर्तमान की फुहार में अतीत को धो डालना ही श्रेयस्कर है। अब सविता को अपना जीवन पहचाना-सा लगने लगा। परंतु ऐसा मन चाहा जीवन सदा नहीं रहता। सूर्य की ढलती छाया इंद्रधनुष को सदैव के लिए नहीं बाँध पाती। जीवन के जिन क्षणों में मानव का अहं के साथ विस्तृत होकर समस्त प्राणी जगत एकीकरण के लिए लालायित होता है, वे क्षण स्थायी क्यों नहीं हो जाते? सविता की परिपक्व बुद्धि इन प्रश्नों का समाधान पाने में असमर्थ थी। सागर के वक्ष पर कितनी ही तरंगें विभिन्न आकारों में ढलती एक-दूसरे के कंठ मिलती हैं, प्रणय प्रलाप होता है, पुनः जल की वही पूर्ववत समतल चादर। कहाँ जाता है वह सब कुछ? ठीक ऐसी ही स्थिति सविता के मन की थी। मन के समतल प्रांगण पर कितने ही नवीन भवन विनिर्मित होते और पुनः अंतःस्थल की गहनताओं में विलीन हो जाते थे। परंतु ऐसे क्षण समस्त इच्छा लोक को आंदोलित भी तो कर देते हैं। सविता को समझ नहीं आ रहा था, रवीन्द्र ने 'बुद्धा गार्डन' वाला प्रण निभाया क्यों नहीं? उसने स्वयं ही तो ऐसी ऑफर की थी। वर्षा की बौछार में भीगती हुई वह वहाँ तक पहुँची थी, परंतु हाय। बाहरी तरलता अंतर्मन को गीला न कर सकी। उसे रवीन्द्र से ऐसे व्यवहार की आशा न थी। नीचे आकर वह कुछ देर के लिए दूसरे सदस्यों के संग रही। रवीन्द्र के रूखे व्यवहार के कारण उसका मन भारी था। भावनाओं का संसार सूना पड़ता जा रहा था। बड़े द्वार से होकर वह अभी दायीं ओर मुड़ी ही थी कि शर्मा जी ने उसे चौंका दिया, "बेटी, आज मेरे मन से एक और बोझ उतर गया है" बोझ? सविता ने अपने गीले वस्त्रों को सँभालने का प्रयास करते हुए जिज्ञासा व्यक्त की। "हाँ, बेटी रवीन्द्र ने 'हाँ' कर दी है। उसे कमला नगर वालों की लड़की पसंद है। पूरे एक महीने की दौड़धूप, तुमने उस लड़की को देखा है न, मेरे ख्याल से तो जोड़ी...।" "चाचा जी" सविता वहाँ और अधिक रुक नहीं

सकी। प्रहार पर प्रहार आखिर वह भी तो इन्सान है। रवीन्द्र को ऐसा ढोंग रचाने की क्या आवश्यकता थी, क्या सीधे में वह उसे सब कुछ नहीं बता सकता था, ओफ! सविता का मस्तक फटने लगा, पाँव अस्थिर और साँस थिरकने लगी। मानसिक उद्विग्नता को वह अपने चाचा के आगे तो व्यक्त नहीं कर सकती थी। वह अकेली है, इसका अर्थ यह तो नहीं कि रवीन्द्र इस प्रकार उसका अपमान... एक गहरी टीस उसे कचोट गई। आँसुओं का बाँध टूट रहा था और वह भाग कर अपने कमरे में आ गिरी और...

वर्षा अभी बन्द नहीं हुई थी। अंधकार पूर्ण यौवन पर था। बाहर का प्रलय सविता के भीतर उठने वाले प्रलय के सामने केवल हल्की लहर था। ऐसी ही रात सविता के जीवन में पहले भी आयी थी जब वह...। वह दुःख शायद इतना गहन नहीं था। उस समय जो कुछ हुआ, सब विधाता का प्रकोप था। इस बार? सविता सोच न सकी; जी में यही आता कि किसी भीषण वज्र प्रहार से धरती फट जाए और वह सीता की तरह धरती की गोद में समा जाए। रवीन्द्र को उसके साथ ऐसा घिनौना नाटक रचाने की क्या आवश्यकता थी? एक विधवा के साथ...। सविता का सारा शरीर दर्द के मारे छटपटा उठा। सुबह होते-होते उसकी अवस्था चिरकाल से रोगिणी नारी जैसी हो गई। शरीर की समस्त स्फूर्ति मानो पलक मार गई, मुख श्रीहीन हो गया। मन की समस्त वेदना अश्रुधारा बनकर उसकी आँखों में उमड़ आयी। बरसती आँखें शायद कहना चाहती हों, रवि क्या यही सत्य है जिसकी तुम दुहाई देते थे? मैंने तुम्हारा वर्तमान अपनाया, आशातुर होकर। ओ निष्ठुर! इससे तो मेरा दंशित अतीत ही अच्छा था, उसमें ऐसी कटुता और कसक तो नहीं थी। आँसू ही नारी का सबसे सशक्त सम्बल है। विधाता ने आँसुओं से भीनी मिट्टी से इस प्रतिमा को बनाया था, परंतु जीवन का यथार्थ असह्य था। पल-पल चुनकर उसने एक सुंदर नीड़ बनाया था, होकर बिखर गया। तीन दिन और इसी प्रकार बीत गये। रवीन्द्र के पंजाब लौट जाने का समय निकट था। जिस काम के लिए वह पंजाब से आया था, संपन्न हो चुका था। उसे स्टेशन तक छोड़ने के लिए बहुत से मित्र एवं बंधु आये। रवीन्द्र ने सबको देखा, परंतु आँखें किसी और ही को खोज रही थीं। मन में हल्की वेदना घर जमाने लगी। अधिक व्यस्त होने के कारण वह सविता से मिल नहीं पाया था, क्या उसे इसी प्रकार भारी मन से...। उसने परमात्मा को प्रणाम किया, आकाश की ओर देखकर कहा, "प्रभु तुम जानते हो मैं निर्दोष हूँ। फिर यह यातना?" और इसी प्रकार गाड़ी चल दी। अगला स्टेशन दस मील पर ही था। गाड़ी ने दस मिनट तक वहाँ रुकना था। विक्षुब्ध मन से रवीन्द्र ने बाहर देखा। सविता के व्याकुल नेत्र किसी को खोज रहे थे, रवीन्द्र ने स्वयं को सांत्वना दी, गाड़ी रुकते ही वह सविता के निकट पहुँच गया। ठीक वही वेशभूषा जो प्रथम भेंट के समय थी। क्या बीच का परिवर्तन इतना क्षणिक था, रवीन्द्र का रोम-रोम कंपायमान हो उठा, वह सविता के निकट पहुँच गया। बोला, "सविता। यह सब...? मैंने तुम्हें कहा था, ओह। तुमने फिर

से...'' सविता की झुकी पलकें ऊपर उठीं, रवीन्द्र ने देखा भीगी पलकों में अर्थहीन संदर्भ उमड़ रहे थे। लगता था सजल नयन बहुत कुछ कहना चाहते हैं, परंतु ओठ...? मोहासिक्त वाणी ने कह ही दिया, ''रवि बाबू। इतनी ही कहानी है मेरी उमड़ी और बरस चली।'' पुनः वह ओठों पर मुस्कान लाती हुई बोली, ''अपनी शादी का निमंत्रण जरूर भेजना।'' रवीन्द्र गिरती दीवार-सा कराह उठा। ऐसा अनुभव हुआ किसी ने उसकी क्षणिक जीत को चिरंतन पराजय में बदल दिया है। समय कम था। उसने स्थिर होते हुए कहा, ''सवि...?''

इससे पूर्व कि रवीन्द्र कुछ कहता सविता ने अपना कोमल हाथ उसके मुख पर रख दिया, स्निग्ध वाणी में कहा, ''आज कोई पाठ नहीं... जो कुछ जहाँ है उसे वहीं रहने दो,'' इतना कहकर सविता ने विद्युत वेग से रवीन्द्र के पाँव छू दिये। रवीन्द्र किंकर्त्तव्यविमूढ़ रह गया। दूसरे ही क्षण बोल उठा, ''सवि यह कैसा पागलपन है'' सविता ने साँस भरकर कहा, ''पागलपन नहीं राधा की पूजा है, अपने कृष्ण के प्रति...।'' गार्ड ने सीटी दी और गाड़ी चल दी। इंजन के लक्ष्यहीन धुएँ को निहारती हुई सविता न जाने कब तक वहीं खड़ी रही, अतीत और वर्तमान के बीच एक प्रश्नचिह्न बनकर; संदर्भहीन सी।

•••